# 四全媒体
## 创新发展案例集

刘千桂　蔡倬逸　赵梦宇　主编

企业管理出版社

图书在版编目（CIP）数据

四全媒体创新发展案例集 / 刘千桂,蔡倬逸,赵梦宇主编.
-- 北京：企业管理出版社,2020.1
ISBN 978-7-5164-1817-8

Ⅰ.①四… Ⅱ.①刘…②蔡…③赵… Ⅲ.①传播媒介—案例 Ⅳ.①G206.2

中国版本图书馆 CIP 数据核字（2020）第 015955 号

| 书　　名： | 四全媒体创新发展案例集 |
|---|---|
| 作　　者： | 刘千桂　蔡倬逸　赵梦宇 |
| 责任编辑： | 张　平　田　天 |
| 书　　号： | ISBN 978-7-5164-1817-8 |
| 出版发行： | 企业管理出版社 |
| 地　　址： | 北京市海淀区紫竹院南路 17 号　　　邮编：100048 |
| 网　　址： | http://www.emph.cn |
| 电　　话： | 编辑部（010）68701638　　发行部（010）68701816 |
| 电子信箱： | qyglcbs@emph.cn |
| 印　　刷： | 北京虎彩文化传播有限公司 |
| 经　　销： | 新华书店 |
| 规　　格： | 170 毫米×240 毫米　　16 开本　　12 印张　　123 千字 |
| 版　　次： | 2020 年 1 月第 1 版　　2020 年 1 月第 1 次印刷 |
| 定　　价： | 48.00 元 |

版权所有　侵权必究　·　印装有误　负责调换

# 序

2019年1月25日，中共中央政治局在人民日报社就全媒体时代和媒体融合发展举行第十二次集体学习，从战略高度和策略深度两个层面全方位、深层次、多视角地就推动媒体融合纵深发展做出了深刻阐述，为媒体融合发展提出了系统性的解决方案，为舆论生态和媒体格局指明了发展方向。

## 一、明确总体发展目标

运用信息革命成果，推动媒体融合向纵深发展，做大做强主流舆论，巩固全党全国人民团结奋斗的共同思想基础，为实现"两个一百年"奋斗目标、实现中华民族伟大复兴的中国梦提供强大精神力量和舆论支持。

推动媒体融合发展、建设全媒体是我们面临的一项紧迫课题。新时代，新一轮科技革命和产业变革正在加速演进，它催生了互联网这个最大变量，而紧随其后的物联网、大数据、云计算、人工智能正呈现出高度复杂性和不确定性，它正以颠覆性创新的方式带来一个全新世界。因此，摆在主流媒体面前的紧迫任务和课题：不仅要"让互联网这个最大的变量变成事业发展最大的增量"，而且还要"成为新的竞赛规则的重要制定者、新的竞赛场地的重要主导者"，为主导全新世界奠定发展根基，而贯彻始终的核心任务是做大、做强主流思想舆论，增强社会主义意识形态的凝聚力和影响力。

## 二、直面四全媒体格局

全媒体不断发展，出现了全程媒体、全息媒体、全员媒体、全效媒体，信息无处不在、无所不及、无人不用，导致舆论生态、媒体格局、传播方式发生深刻变化，新闻舆论工作面临新的挑战。"四全"媒体是全新提法，是顺应媒体发展大势而做出的高度总结，是基于媒体发展全局而做出的科学判断。

毫无疑问，媒体融合不能一蹴而就，任重而道远。一方面，"媒体融合是一场不容回避的自我革命"，需要主流媒体拿出自我革命的勇气和开天辟地的创举；另一方面，在主战场，主流媒体面对的是具有全面互联网思维、完全市场意识和持续创新能力的商业平台，面对的是日新月异的新理念和新技术，是层出不穷的新业态和新模式，迅速迭代、快速换代是主战场的显著特征。即便背靠巨额资金和先进技术的商业媒体，也只能各领风骚三五年，各种"四全"类媒体也是"长江后浪推前浪"。

因势而谋、应势而动、顺势而为。在坚持内容创新是根本、坚持移动优先策略及坚持内容、渠道、平台、经营和管理五方面融合的基础上，运用新技术、新机制、新模式发展党媒全媒体传播体系、建成新型主流媒体、加强新兴媒体管理、重塑舆论生态和媒体格局。新要求为媒体融合发展提出了系统性的解决方案，既灵活掌握战略主动，又创新发展策略深度。

### 三、发展党媒传播体系

媒体融合发展吹响了主力军进入主战场的号角，扩大了主流舆论传播效应。随着互联网从桌面互联网时代进入移动互联网时代，越来越多的主力军开始贯彻执行移动优先策略，以牢牢占据舆论引导、思想引领、文化传承、服务人民的传播制高点。应在此基础上进一步构建主流媒体全媒体传播体系的建设方略，以建立融合发展的现代传播体系。

这一全媒体传播体系包括发展网站、微博、微信、电子阅报栏、手机报、网络电视等各类用户终端；借船出海，主流媒体生产内容，通过商业平台分发传播；向基层拓展、向楼宇延伸、向群众靠近，既要键对键、又要面对面，形成网上网下同心圆。这三个层次是当前的主流模式，为此提出新的发展方略：统筹处理好传统媒体和新兴媒体、中央媒体和地方媒体、主流媒体和商业平台、大众化媒体和专业性媒体的关系，形成资源集约、结构合理、差异发展、协同高效的全媒体传播体系。

正确处理各类媒体之间的关系，扬长避短，协同发展，凝聚力量，尤其是让"四全"类商业媒体紧紧围绕中心、服务大局，这为形成"你就是我，我就是你"的媒体融合格局奠定了坚实基础。

## 四、建成新型主流媒体

新型主流媒体要具有强大影响力和竞争力，要牢牢占据传播的制高点，要掌握舆论场主动权和主导权，要维护国家政治安全、文化安全、意识形态安全，要拥有强大实力和传播力、公信力，要形成立体多样、融合发展的现代传播体系。为此，应抓紧做好顶层设计，打造新型传播平台，建成新型主流媒体，扩大主流价值影响力版图，让党的声音传得更开、传得更广、传得更深入。现代传播体系、新型传播平台和顶层设计是新型主流媒体的三大核心要素，它将从根本上扭转现有的舆论生态和媒体格局，从而构建党媒主导的网络话语体系。

抓紧做好顶层设计，打造新型传播平台，是重塑主流媒体领导力和主导权的战略选择，是主流媒体抓住科技革命和产业变革重大机遇的前瞻性举措，是主流媒体迎来互联网由消费互联网转向产业互联网、由IT（信息科技）时代转向DT（数据科技）时代这个重要战略机遇期的创新思路和发展模式。

打造新型主流媒体需要党和政府的大力支持，但绝对不能有"等、要、靠"的思想。需要立足市场，着眼互联网的新发展，做好顶层设计，打造新型传播平台，方能建成新型主流媒体。

### 五、加强新兴媒体管理

为使我们的网络空间更加清朗，要依法加强新兴媒体管理。

互联网不是法外之地，必须清醒地认识到，全媒体时代，信息无处不在、无人不媒、无处不媒，而且媒体数量庞大、业态复杂。例如，电子商务类的应用程序也呈现了媒体化的特点，工信部发布的数据显示，市场上监测到的移动应用程序就有449万款。新兴媒体的管理由此变得错综复杂。

加强新兴媒体管理，除了法律监管、技术监测等手段外，同样需要充分发挥"四全"媒体的社会效益，如充分发挥主力军的导向作用、旗帜作用和引领作用；充分发挥人工智能基于分发的引导作用，让浸淫在心灵鸡汤的人群逐步接受主流价值观的影响；充分发挥全员媒体群策群力的监督作用等。此外，可以将各类新媒体，尤其是自媒体进行属地化监测、属地化管理，责任到位，加强引导和监督，以营造风清气正的网络空间。

总的来说，科学认识和深刻把握网络传播规律，做好顶层设计，扛好旗、布好局、卯足劲，顺势而为、有序推进，主流媒体方能走准、走稳媒体融合发展之路，切实地做好党的新闻舆论工作，为党的长期执政和国家长治久安提供坚实保障。

本书选择了一些典型的四全类媒体作为分析对象，对其创新性发展举措做了较为详细的分析，这些案例对于推动媒体融合纵深发展，有一定的借鉴意义。本书的案例由北京印刷学院 2018 级新闻传播学专业研究生程茜、栾华晓、闫森、关灵姝、刘笑扬、黄巧维和 2018 级新闻与传播专业研究生侯劭臻、张钟浩、赵晓宇、牛嘉慧、熊诗倩、李俊杰、聂慧超、段雨彤、刘天洪、蔡倬逸、何红伟、赵梦宇等撰写，由刘千桂、蔡倬逸和赵梦宇负责全书的策划、审稿、统稿与编辑等工作。本书难免有所不足，请读者批评指正。

本书获得"北京市新闻传播学高精尖学科建设专项"出版资助，本书系国家社科基金重点项目"我国图书出版企业社会效益评价体系构建与应用研究"（项目编号：17AXW007）阶段成果。

刘千桂

2019 年 7 月

# 目 录
## CONTENTS

"看一看"的社交分发新尝试　　　　　　侯劢臻　/ 001

36氪的三十六计　　　　　　　　　　　　程茜　/ 012

一点资讯：有趣又有用，有一点想看　　　栾华晓　/ 022

"懂球帝"，懂球又懂你　　　　　　　　张钟浩　/ 031

澎湃新闻"汹涌"的互动传播　　　　　　赵晓宇　/ 046

浙江新闻玩转用户思维　　　　　　　　　牛嘉慧　/ 057

梨视频的产品定位方法论　　　　　　　　熊诗倩　/ 067

搜狐新闻的产品设计逻辑　　　　　　　　李俊杰　/ 078

一点资讯的点点优化　　　　　　　　　　关灵姝　/ 086

网易新闻的"金币"模式　　　　　　　　段雨彤　/ 096

| 细说微博用户成长激励机制 | 刘笑扬 | / 105 |
| 惠头条的"吸金"大法 | 刘天洪 | / 118 |
| 网易新闻的"质量""流量"双螺旋 | 蔡倬逸 | / 128 |
| 界面新闻的独特推广策略研究 | 何红伟　闫森 | / 139 |
| 趣头条的"推广大法"解密 | 黄巧维 | / 152 |
| "三级火箭"助推趣头条生态布局 | 赵梦宇 | / 162 |
| 参考文献 | | / 178 |

# "看一看"的社交分发新尝试

侯劭臻

微信一直以来不满足于做一个单纯的 IM 软件，微信公众平台的成功打破了社交的局限性，使其同时具备了社交内容创造平台的功能，实现了对内容创作者的"赋能"。公众号注册数量在 2012—2016 年稳步增长，同时，随着智能手机的普及，微信用户数量不断增加，微信公众平台也成了覆盖广、影响力大的自媒体平台之一。但其订阅式的内容分发模式对于受众来说并不友好，今日头条等其他竞品的迅速增长也使受众的注意力分散，因此出现了优质内容"生在公众号，也埋在公众号"的局面。如何使微信公众号的内容更精准、高效地到达受众？微信做了许多尝试，其中就包括搜索入口中"朋友圈热文"栏目，以此为原型，演变出了"看一看"功能。"看一看"是微信 APP 中微信公众平台内容的信息流式分发功能，以算法、社交数据为依据实现"千人千面"的推送，经过几次迭代已经成为微信重要功能之一，表现出了与其他竞品不同的特点，它的应用实现了为微信公众平台内容的"二次赋能"。这一功能的演变过程、表现出的特点都是值得我们深入研究与思考的。

## 1. 微信"看一看"与"在看"内容分发模式的发展历程

2017年5月，微信在6.5.8版本的微信实验室上线了"看一看"和"搜一搜"功能。彼时，今日头条风头正劲，经过5年的"几何增长"，交出了"7亿总用户，2.19亿活跃用户，日人均83.52分钟使用时长"的成绩单。"头条系"的异军突起，使移动互联网自媒体平台格局发生了巨大的变化。微信公众号作为"自媒体"的先行者之一，在受众的"注意力市场"上受到了强大的冲击，面对严酷的竞争态势，微信此次更新被视为一次指向明确的"破局"尝试。当时媒体这样评价这一更新："要革头条和百度的命""微信要成为完整的操作系统"。两年时间过去了，"看一看"几经更新，回顾两年的更新日志，每一次都包含着微信团队对于公众平台内容分发的思考和尝试。

2017年5月，微信版本6.5.8中，微信实验室上线了"搜一搜""看一看"功能。用户可以通过微信实验室手动开启"看一看"。"看一看"是一个多元数据支持的微信公众平台内容分发页面，与今日头条等平台一样，都是以用户数据为背景，通过大数据算法实现"千人千面"的内容推送。在实验室版本的"看一看"中，已经有了好友在读、分类标签推送等多种类型的精准推送尝试。

2018年2月，经过近一年的调整，微信团队正式上线"看一看"功能。成为微信"发现"页面中仅次于"朋友圈""扫一扫""摇一摇"的第4入口。这版"看一看"已经能推荐几种标签内容。"好友都在读"内容是用户好友阅读量、点赞量较高的内容；"互联网精英在读""电影爱好者在读"等分类内容是根据用户阅读偏好画像推送的个性化内容。"广州市民在读"是根据用户位置信息推送的本地热点内容；"热点资讯"及未加标签的内容是实时热点内容与高阅读量内容；"已关注"内容是用户关注公众号中当日较热门内容。多元化推送的"看一看"页面简化了用户阅读公众平台内容的过程，在用户有泛阅读需求时，无须再点开"订阅号"翻看更新的内容，而可以在"看一看"中阅读平台精准推送的内容，获得与"今日头条"等信息流式阅读平台一样的阅读体验。同时，公众号文章右下角的"点赞"按钮有了增加推送权重的功能，好友点赞越多的文章越容易以"好友都在读"标签推送至"看一看"的信息流，这也是社交推荐内容的一次尝试。

2018年12月，微信更新至7.0版本，"看一看"有两点更新。一是将公众号文章右下角的"点赞"修改成了"好看"。二是信息流形态由"看一看"变成了两个栏目：默认打开的是"好看"，原来的信息流变成了"精选"置于第二栏。在"好看"栏目里，好友之间可以在一篇文章下互动，有新的好友评论或点击同一篇文章的"好看"，用户也会收到通知。另外，好友阅读量高但没有点击"好看"的文章也会以"5+朋友看过"这样的标签出现在"好看"栏目下,这次的设置调整完成了内容的社交推送与以往复合算法推送信息流的分割,且摆在了主要位置。"好看"成了明确的社交推荐动作。在这一版本中,"好看"的点击动作也经过了一次变化,"好看"1.0 强化阅读态度和行为,点击好看时,会弹出一个小弹窗,相当于"点赞+评论+转发"。这个时候,微信可能是在试图鼓励用户发表自己的观点,但它阻断式的弹窗设计会一定程度的影响转化使得一批用户不想写观后感,于是取消了分享;又一批用户觉得点两下很麻烦,于是很少再分享了。"好看"2.0 拆分"点赞+评论+转发",合并"点赞+转发"动作,单独剥离出评论动作,"好看"一触即达,而表达欲旺盛的用户也不会在意多出一步的使用路径,"好看"的使用成本降低,可满足不同人群的表达欲望。

2019 年 3 月微信 7.0.4 版本又做了三点改动:一是用户可以在"好看"栏目中,给其他用户点赞;二是文章底部的"好看"按钮,更名为"在看";三是"看一看"中的"好看"栏目,更名为"朋友在看"。

这次更新的目的就是明确互动推荐的含义。一是"在看"这一动作不再背负"因为我觉得好看,所以推荐"的意义,而成了"我只是在看这篇文章,顺便分享浏览记录",强调了这一动作的"社交性",弱化了用户态度。深化了"看一看"中内容的大众阅读属性,加强了用户之间的联系,减少了触发动作时的心理抉择,同时也增加了推送进入"看一看"的机会。

二是"朋友在看"这个栏目指意很明确，让初次使用此功能的用户可以直接看懂栏目设置，对于用户使用"在看"功能的暗示更积极，并且进一步降低了用户在进入这一栏目时的期待，这一栏目下的内容不一定是精品内容，而是你的朋友关注、认同的内容，社交推荐的属性更加明确。

三是加入用户"在看"时评论和为好友的"在看"点赞，增加了这一功能的互动性，创造了用户在"看一看"中产生链接的可能性。

## 2. 社交推荐对微信公众平台内容的意义

2018年，官方统计我国网民数尚且只有不到8亿，但DAU峰值最高达到10亿人的微信，已成为移动互联网时代的重要产品之一。而作为微信生态中重要的一环，微信公众平台自2012年8月23日正式上线至2018年年底，已拥有接近2000万个公众号。但是，随着今日头条等以算法推送为核心的自媒体平台逐步占据了用户的"注意力市场"，微信公众平台作为一个内容平台的竞争力明显下降，微信公众平台表现出了以下几个问题。

一是微信公众号传统的订阅方式不易用。张小龙在微信八周年的演讲中曾提到过一个数据：公众号阅读量其实80%来自朋友圈的转发，只有20%是来自于订阅。首先，传统的订阅号阅读方式需要点进订阅号，找到想看的公众号，然后翻看其更新的内容，这一个过程过于繁复。其次，随着时间的推移，用户订阅的公众号越来越多，而他们并没有足够的时间去翻看每一个订阅号。最后，看到一篇优质内容，关注该账号，订阅至"订阅号"里，然后在订阅号关注该信息源的其他内容，这个流程是一种主动阅读的过程，是在用户知道自己想看什么内容的情况下的阅读方式，但这种方式往往是不够的，很多用户潜在喜欢的内容并不在他过往的订阅范围内。因此，微信公众平台上很多内容根本未被推至受众面前。

二是朋友圈的分享压力越来越大，"转发至朋友圈"这一动作越来越珍贵。正如张小龙所说，好友的转发不仅使内容摆在了受众面前，还为内容质量做了背书。但微信早已不仅仅是好友网络，同事、领导、老师等的存在，使得大家对于朋友圈的使用越来越慎重。"转发至朋友圈"这一动作对于用户来说变得越来越珍贵，在转发之前往往需要思前想后，甚至设置可见、不可见分组。因此能使用户"分享至朋友圈"的公众平台内容质量阈值越来越高，朋友圈转发这一路径也越来越窄。

三是朋友圈不再适合阅读，公众平台内容在朋友圈的打开率、阅读时间大大缩水。在微信八周年的演讲里，张小龙还透露了一点："尽管好友越来越多，但是每个人每天在朋友圈里花的时长却基本是固定的，大概就是 30 分钟左右。"而阅读一篇微信公众平台内容，往往需要 5 分钟甚至更多，在有限的朋友圈浏览时间里，点击文章链接，跳转至公众号花时间阅读，显得越来越"奢侈"。公众号阅读量 80% 来自朋友圈的转发，这个值，近几年在一步步的降低。朋友圈这个公众平台作为流量较大的阅读入口，却越来越不适合阅读。

这些都反映了一个问题，微信公众平台内容无法有效到达受众。高质量的内容"生在公众号，也埋在公众号。""看一看"就是为了打破这种格局，构建一条新的通路。"信息流"更适合阅读，这点是经过考验的，但是实践证明，单纯算法推荐支持的"看一看"并没有实现预期效果。微信作为即时通信工具，最大的资源就是每个人的"社交关系"。所以"在看"的尝试就是挖掘"社交关系"的价值，为内容创造新的机会。用户被朋友"在看"的内容吸引，将自己"在看"的内容推荐给朋友，实现了流量的再次分配，一条优质内容在微信平台上的有效阅读链条被拉长，流量被循环放大，给许多中小型公众号产出的优质内容带来了巨大的曝光量。

除了流量的再分配，"看一看"还承载了微信进一步强化"链接"的期望。"看一看"挖掘社交价值激活用户与内容之间的关系链，更多的内容通过"看一看"的社交推荐模式得到曝光。同时，"看一看"也通过内容激活了用户，许多不发朋友圈的用户在"看一看"中"活"了过来，频繁地推荐内容，用户使用"看一看"阅读形成了习惯，更多的用户把更多的时间留在了微信。通过"看一看"，微信完成了用户分发内容、内容又激活用户的循环，创造了一个由用户（社交）到内容（公众号）的闭环扩大网络。从目前"看一看"的表现来看，假以时日很有可能成为微信公众号内容的第一入口，争夺注意力市场。"看一看"中阅读了哪些内容，也可能会成为用户除朋友圈外的另一张名片，用户可以通过好友的"好看"，侧面了解他最新的动态，使朋友的画像多一个侧面，让关系链的再激活成为可能。

## 3. 社交推荐内容的价值与意义

社交推荐内容并非微信独有，但微信作为大型的"强关系社交"平台，对于社交推荐内容的实践更具实际意义，从"看一看"表现出的特性，我们也可以看出它特有的价值。

### 3.1 用社交推荐破除信息茧房

传统的算法推送内容最致命的问题就是不可避免会推向"信息茧房"的产生。算法推送的精准只是为用户提供了他一直在关注的内容，但用户的阅读需求并非是静态的，很多优质内容并不在他曾经的关注范围之内，但却是他可能会需要的，这种尚未产生的需求是不可知的，但如同在现实生活中一样，很多新的知识与信息并不是受众主动获取的，而是通过周围的社交圈了解到的，社交圈代表了关注内容区间有交集的可能性，社交推送就增加了这种可能性，为用户阅读到关注边界以外但可能会感兴趣的内容创造了更大的可能。现实场景中，用户的好友中有一些他想要去学习或关注的对象，这些朋友"在看"的内容，可能并不是用户日常关注的却是用户希望跟进和了解的，"看一看"便可以完成这个信息路径的打通，帮助用户"向上阅读"，破除"信息茧房"。

## 3.2 把关人作用的显现

传统的两级传播模型已经无法解读现在的传播模式,但互联网环境的多级传播中,每一级传播都依靠"把关人"的作用。在"看一看"中,朋友的每次"在看"不仅是一个内容分发的动作,更是一次认证,包含了"对内容赞同""希望大家看到""与自己密切关联"等很多信息,为内容价值盖上了属于自己的"认证章"。而每一次"认证",对于用户而言都有可能是打开的理由,对于优质内容而言都是一次助推。

## 3.3 对优质内容的赋能

就内容属性而言,微信公众号的很多内容较其他平台更加"作者化"、更有深度,很多内容虽然有很大的价值,但是并没有那么"吸睛",在算法推送的信息流式阅读中并不占优势。这样的内容原本很大程度上都是通过朋友圈的一次次转发完成扩散,使内容到达目标受众的面前,但伴随朋友圈分享动作越来越"昂贵",这些内容扩散的通路越来越窄,使得他们被"埋在公众号"中。但是有了"看一看"与"在看"这种较为高效的社交推荐机制,将使内容更为容易地在有效群体中扩散,有了多次曝光的可能。优质内容在信息流上传播的链条被拉长,更容易到达目标受众的面前。另外,传统的信息流上,是否要打开一篇内容进行阅读,用户有几个依据:标题、点赞与评论数量,这就催生了"标题党"和刷评论点赞的恶性竞争行为。但在"朋友在看"页面,除标题之外,用户还可以参看是哪位好友点了"在看",一定程度上也助力了那些并不吸睛的内容被更多的用户看到。"看一看"这种基于人际关系、用户兴趣的精筛细选内容分发机制，如果能够有效运转，将会成为"标题党""热点党"的杀手，为真正优质的内容和创作者赋能。

### 4. "看一看"表现出的问题

"看一看"与"在看"已经具备了一个清晰的定位和完整形态，但仍有一些问题是需要我们看到的。

首先，现在的设置中，用户所有"在看"的内容都会被其全部好友在"看一看"中看到，这对用户来说无疑会产生一定的心理负担，如果能在"看一看"中也设置与朋友圈类似的"给谁看"和"不给谁看"功能，就可以解决这个问题。但同时，这样的设置也会增加产品使用的繁复性，如何解决这个问题对产品团队来说是一道难题。

其次，"看一看"是对微信作为一个公众内容生产和阅读平台的完善和赋能，但这也又一次增加了微信的体量。微信诞生时是一个即时通信工具，公众号的出现使其有了自媒体平台的功能，小程序又让它有了操作系统的属性。尽管张小龙一直"保持克制、保持简单"，但毫无疑问，它现在已经承载了太多功能，以至于早已无法准确定义它。"做最好的工具并且让创造价值的人体现价值"，张小龙这样总结微信的宗旨，但每一次功能的增加，就意味着产品更加复杂、软件更加臃肿、使用门槛更加高。怎样做好这个平衡？是否要将部分功能拆分成一个新的软件？这些也是需要产品团队来做出抉择的。

## 5. 结语

第一,"看一看"作为微信公众平台内容的分发出口,通过算法实现精准推送,让好的内容有更大的机会出现在用户面前,实现了对内容的二次赋能。第二,"看一看"信息流式的内容推送方式更符合用户的阅读习惯,为用户创造了一个简单易用的阅读工具,让阅读者待在应该阅读的地方,复合的推送方式让用户更容易阅读到自己感兴趣的内容,对用户来说是一大利好。第三,"看一看"降低了内容分享的压力,让文章分享变得更轻松,创造了"朋友圈"外的又一好友互动空间,为活化用户,建立新的链接创造了可能。总的来说,现在的"看一看"已经具备了完整的产品形态,假以时日,其能否成为微信公众平台内容的第一出口,能否在用户的"注意力市场"占据一定的地位,成为一个成熟的阅读入口,仍需拭目以待。

# 36 氪的三十六计

程茜

## 1. 36 氪简介

"氪"是一种化学元素,是元素周期表中第 36 号元素,是一种无色、无臭、无味的惰性气体,化学性质极不活泼,不易与其他物质产生化学作用,并且氪光穿透力很强,用于机场飞机跑道夜间照明。氪原子是国际标准长度单位测量基准之一。这是 36 氪名字的来源,也正好契合了 36 氪初始团队的战略目标:独立、态度、客观。

氪元素放电时呈橙红色,在大气中含有痕量,可通过分馏从液态空气中分离,氪的多条谱线使离子化的氪气放电管呈白色,注入氪气的电灯泡是很光亮的白色光源,常用于制作荧光灯。这显示了 36 氪照亮创业者的服务宗旨:为其他创业者提供光明的道路,为科技创新贡献自己的力量。

36 氪以科技创投媒体起家,APP 推送的文章多与科技相关,36 氪于

2010年12月上线，最初的定位是成为"中国领先的科技创新媒体，报道最新的互联网科技新闻及最有潜力的互联网创业企业"。2017年年底的数据显示，36氪的平台已经覆盖全球超过1.5亿用户，累计发布超过50000篇文章。在不断地改进与探索中，36氪转型成为一个互联网融资平台，率先创造了"不收费、不占股"的新型互联网孵化器模式。作为一家科技媒体，36氪所提供的最前沿的科技资讯，为互联网创业者带来了便利渠道，打造了一个由创投媒体、融资平台和孵化器三条产品线所组成的互联网创业生态圈模式。

36氪现如今以"让一部分人先看到未来"为宗旨，在发展过程中致力于科技创新的资讯提供及科技创业，扶持国内科技类企业。

## 2. 内容形式

在互联网科技类APP持续低迷的2010年，36氪在互联网资讯类APP中以一种全新的模式发展起来，以优质的科技创新类文章为基础，利用全新的线上和线下孵化模式，将平台的受众变为用户，将投资人和创业者联系起来。36氪平台为互联网企业及用户提供优质内容，如互联网前沿资讯、最新科技动态、传媒发展趋势等，并且APP首页设计包含"首页""开氪""发现""创投""我的"不同栏目，为不同需求的受众提供不同入口，更有效精准地找到自己所需要的信息。

## 2.1 优质内容吸引受众眼球

我们处在信息爆炸的时代,发生在世界各地的任何资讯都可以通过互联网传播给受众,各种各样的传播媒介充斥着大众的生活,人们在传播活动中是为了寻求自己想要的信息。36氪平台看准受众希望了解科技类信息,掌握科技前沿的最新动态,这一长尾市场为受众提供了一个畅所欲言、针对科技提出质疑与反馈渠道的场所。36氪的核心优势在于其专业的互联网平台内容,以优质的科技类资讯占据市场,抓住受众,满足受众需求,从专业化的角度出发,报道最新热点,为企业和个人提供互联网行业的全新资讯,使36氪在竞争激烈的内容分发市场占有一席之地。

(1) 资深写手分析行业现状。

"内容为王"仍然是新媒体平台发展的关键,用内容吸引受众。新媒体时代发展迅速,信息传播速度也越来越快,因此,对于信息的传播都是抢速度、抢受众,但新媒体平台不能因为单纯追求第一个发布,忽略新闻内容的真实性。新媒体技术的普及,为新媒体平台的发展提出了新的挑战,也是平台发展的新机遇。因此,36氪做出的努力是积极寻找优质内容及有资深行业经验的作者。

优质的平台内容是36氪发展的关键因素,36氪传媒内容生产核心团队均来自《人物》《财经》《财新》《21世纪经济报道》《路透社》等老牌经济传媒,作者基础雄厚,对于科技类资讯的嗅觉敏锐,角度把握准确,走在科技前沿,为创业公司及投资人提供互联网行业的最新动态与咨询，看清行业发展现状，能够合理把握互联网行业的发展趋势。

(2) 企业合作促进行业发展。

36氪不仅仅是互联网行业资讯提供平台，还是为互联网企业提供资源的平台，这是36氪新媒体平台的重要功能。36氪平台通过与企业合作，为企业之间的合作提供场所，使企业与企业的联系更加紧密，同时扩大自身的影响力

36氪采用了一个全新的互联网生态模式，在APP页面的"寻求报道"栏目，企业可以针对自己不同的需求选择相应的服务。对于仍未获得融资的企业，36氪会提供对该企业的相关报道，扩大企业的媒体影响力，吸引感兴趣的投资人注意力，获得资金促进本企业的快速发展；而对于已有融资的企业，36氪会发布其融资消息，进一步开阔企业的市场，寻找更多发展机会。

### 2.2 形式多元满足受众需求

随着新媒体技术的发展，用户的媒介使用习惯也逐渐改变，"使用与满足"理论相比传统意义有了更进一步的发展，人们会根据目前社会环境和个人需求选择性接触媒介，获取自己想要的信息。用户并不是盲目的，而是根据自己的需求去判断这个产品是否能满足自己的需求。36氪APP界面有自己独立的模式，精准洞察受众需求，不同的主题、专栏为受众提供相应的互联网资讯，受众可以根据自己的喜好选择关注和忽略，并且在APP中发表自己的观点，与其他用户进行分享与讨论，实现受众获得信

息、表达自我的需求。

(1) 专栏订阅。

新媒体凭借强大的技术手段获取来自世界各地的信息，下一秒就会传达到受众使用的设备。因此，当海量信息进入受众视野，而受众在接触媒介和接收信息时有很大的选择性，用户会选择性注意、理解、记忆对自己有用的信息。36氪根据信息价值将其划分开，设置了付费阅读专栏即"开氪"栏目，对更高质量、更加垂直高效的内容进行付费服务，使得受众更加直观地对信息进行选择，高效率地发现让自己眼前一亮的内容。

36氪开设不同的栏目提供高质量的文章，为创业者提供各种营销策略，包括行业解析、薪资、商业资讯、案例复盘、受众分析等方面，如36氪每日商业精选、超级用户思维、企业低成本获客与增长的秘密、高增长的8个杀手级逻辑等内容，用户可以通过付费订阅相关专栏，获取创业发展及工作需要的干货信息。

36氪的专栏订阅将信息有效区分，在知识付费的同时提高了受众对相关信息的注意力，不仅为互联网行业的用户提供行业相关经验，同时也为其他用户了解行业资讯提供了窗口。

(2) 话题讨论。

受众的反馈对于传播者来说很重要，如果没有反馈，或者反馈很少，传播者的产品无法得到更好的发展，也不能了解市场与受众，无法获得受众的注意，发挥平台的最大功效。36氪需要在自己的平台中建立一个专区，让用户自由发声，互相讨论，收集用户观点和想法，既能得到受众的反馈，又能为用户提供表达自己观点的场地，有助于36氪平台更加深刻地认识到受众普遍的关注点，合理调整平台的发展方向。

在36氪聊天室、话题讨论、用户投票页面都设有针对互联网行业的热点资讯和对社交媒体的用户调查。此外，36氪开设的"发现"栏目能够及时、准确地了解受众感兴趣的信息，使平台内容与经营方式始终维持在良好状态。一方面，传播者可获得相关用户数据，另一方面，使用者能在使用中满足对获取清晰观点的需求。双方共同促进互联网行业发展，迎接即将到来的5G时代，随时调整个人发展方向。

（3）创投集聚。

36氪APP底部的"创投"栏目，为有融资需求的互联网公司提供传媒服务，用户可以关注最新动态，了解业内资讯，提供互联网公司的相关信息，如一个模式类似于"趣头条版抖音"短视频APP"刷宝"的相关资讯；还会对新兴的互联网公司特点进行分析与评价，如果壳上线的知识短视频"吱扭"。这些资讯都能使得互联网创业公司有效利用行业趋势，获得更稳定高效的发展。

36氪将线上与线下活动有效结合，开展"没想到"系列活动，与众多企业合作，营造与主题相关的氛围，让受众实地体验相关产品，扩大品牌的知名度。2017年9月16日至17日，"没想到游乐场"活动在北京石景山游乐园正式开启；2018年6月23日至24日，"没想到未来城"活动在北京798艺术区正式开启；2019年4月13日至14日，"没想到明日城"活动在北京798艺术区正式启动。36氪"没想到"系列符合受众的猎奇心理，活动宣传中"游乐场""未来城""明日城"等关键字，以及企业与现场用户互动类的小游戏，都使得受众获得更直观的体验，对企业产品留下更深的印象，提高活动中相关企业的知名度。

36氪通过线上线下活动相结合，线上活动为互联网企业提供传媒信息，线下活动能够帮助企业开拓市场，宣传效果更加直接有效，提高企业的影响力，成为互联网企业的孵化园。

（4）自由关注。

互联网的受众广泛分布在世界的各个地区，由于其工作、家庭、教育、兴趣爱好具有差异性，互联网受众具有混杂性的特点，关注互联网中信息的角度也各有不同，因此，36氪中的受众会对不同作者及不同话题的文章有不同喜好，用户通过关注不同的用户和话题，能够快速看到自己喜欢的内容。

36氪中开设不同的主题，如"1分钟知识锦囊""科技神回复""坐过山车的腾讯"等主题，并且邀请不同企业专家、热门作者参与讨论，受众可以自行对众多主题和用户进行选择性关注，在首页的关注页面，受众可以浏览已关注的内容，这种做法使得受众的个性化需求得到进一步满足，获得更适合自己的信息。

## 3. 36氪优势分析

每天发布互联网资讯的平台有很多，36氪平台要给受众留下独特的印象，需要创新发展营销策略，找到适合自己的发展路径。36氪的目标受众是互联网行业的相关人士，通过明确受众特点从而确定自己的产品定位获得稳定受众，不断扩展平台创立聊天室、创投圈、付费订阅，形成受众与受众之间、受众与平台之间、受众与企业之间、企业与企业之间的双向互动，形成一个完整的互联网生态模式，让互联网行业更加贴近用户群体。

虎嗅APP同样作为互联网资讯类平台，和36氪有很多相似之处，其运营内容同样以实时更新的互联网资讯为主，同样有"专栏""黑卡会员""虎跑团"等精选活动为企业提供行业资讯。虎嗅和36氪都获得了很好的发展，但同样作为互联网平台，侧重点却不相同，虎嗅更侧重于互联网资讯的传播，而36氪更致力于建立全新的互联网模式。36氪运用互联网模式，成为科技创新创业综合服务集团，为刚刚开始创业的互联网公司提供了发展平台与机遇。

### 3.1 全方位互动

36氪给受众畅所欲言的空间，如"聊天室""发现"栏目给受众提供了更多行业内相关资讯，以及发现拥有共同兴趣的受众的机会，用户可以针对相关资讯和热点在聊天室中发表自己的观点，同时获得相关专业人士的回应，通过用户提出的"5G能不能给市场带来又一春"等各种相关热点话题，36氪平台也可以更加直观地发现受众的关注点，了解受众的兴趣。

虎嗅也同样包含互动功能，在平台发布的文章下方设有受众进行互动的场所，但互动只是就平台的既定内容发表评论，并没有受众自发形成的话题，难以收集相对直观的受众反馈数据，阻碍平台更好的发展。

### 3.2 专业化内容

互联网资讯平台最关键的功能是提供专业的互联网资讯，36氪和虎嗅都可以利用新媒体技术，使自己的界面更加简洁的同时随时根据符合受众的阅读习惯，进行调整满足受众在碎片化时间的阅读需求而不懈努力。充分考虑受众需求，为受众能够获得良好的使用体验。

同时，由于36氪拥有资深专业的写作团队，相比之下内容更加专业、更具有针对性，能够为受众分析互联网发展现状，为有需求的用户提供企业发展的相关指导意见，合理把握瞬息万变的互联网发展。用户投票、受众调查也同样可以为企业提供数据，专业化内容更能留住受众，获得长期的关注。

### 3.3 集约化资金

36氪和其他互联网资讯平台最大的区别在于其发展模式，线上和线下互动更加成熟，是综合商业服务集团，致力于为其他互联网企业提供科技前沿最新资讯，帮助企业创业投资，让一部分人先看到未来。

36氪平台将原有的目标受众从浏览互联网资讯的用户变为需要融资的创业者，利用平台优势为投资者和创业者搭建桥梁实现双方的发展，并且为互联网创业平台提供相关的指导意见以及创业的策略。5G时代即将到来，移动端的APP将会面临更严峻的挑战，单纯提供内容的平台已经不能满足新媒体时代的受众需求，36氪通过传播资讯、为企业融资发现自己的发展模式，在互联网行业找出一条适合自身发展的路径。

## 4. 结语

36氪作为互联网行业发展以内容为核心的APP，其发展模式对于其他同类产品具有很大的借鉴意义，其探索的全新的互联网发展模式，使得受众能够对海量的信息进行有效的整理，为互联网企业的发展提供机会。

36氪互联网平台，首页内容实时更新，帮助用户及时了解信息；专业化的写作团队精准分析行业现状，有效预测行业发展前景；受众自由讨论，促进企业与用户全方位的探讨，提升自己的服务水平与能力；线上和线下共同联动，为互联网企业提供创业和投资的平台；精准定位不同受众，满足不同职业、兴趣爱好的受众需求，受众群体更加广泛。

全新的互联网生态为互联网行业注入新的活力，36氪应抓住机遇，积极响应政府号召，扶持互联网企业的发展，为新兴的企业寻找机会，36氪的发展为互联网行业发展模式的探索提出了新的解决方案。

# 一点资讯：有趣又有用，有一点想看

栾华晓

在信息爆炸的今天，传统纸媒的影响力逐渐削弱，新闻聚合平台却得到用户的青睐。一点资讯于 2013 年 7 月上线，利用大数据对用户行为进行深度分析，通过算法对用户进行个性化推荐。据酷传数据显示，截至 2019 年 4 月 24 日，一点资讯安卓端总下载量突破了 9 亿，日下载量一度达到 6 万。

根据极光数据用户研究报告可知，一点资讯在 2018 年 6 月渗透率达到最高，每 100 个移动网民中就有 8 个下载或装有一点资讯。在综合新闻资讯 APP 的渗透率调查中，新增用户两周内的活跃留存率方面，一点资讯以 30.7% 的比例位居第一。一点资讯能够居于如此位置，除了拥有较为强大的算法之外，与其推送的内容能够较大程度满足用户的需求有很大的关系。

## 1. 用户画像分析

截至 2018 年 10 月，一点资讯在安卓端的男女性用户比例分别为 56.9% 和 43.1%。其用户群体年龄上以中青年群体为主，25~35 岁之间的用户最多，以 48.87% 的比例占据了用户群体的半壁江山。一点资讯的用户生活在一二线城市，生活节奏比较快，其中，一线城市的用户总数与综合新闻资讯 APP 的一线用户平均值相比高出一大截。结合一点资讯的用户收支情况，每月有将近 2/3 的收入用于消费，相对于其他综合新闻资讯 APP 的用户来说，一点资讯用户的收入水平较高，具有强大的消费潜力，并且用户的受教育水平较高，其中，大专及以上学历的人群占总用户的 52.7%，超五成以上，而本科学历用户最多（25.2%）。

## 2. 以品质内容满足用户需求

### 2.1 传播主体多元：自媒体入驻

在自媒体发达的当今，自媒体的话语权得到了极大的提升。在聚合类新闻客户端平台上，传统媒体和自媒体的内容都可以被算法推荐到用户手中。同时依托大数据建立的数据库，可以对用户的使用行为进行收集分析，并通过标签对其分类，从而实现对用户的精准推送。

聚合新闻客户端的信息来源主要是汇集自媒体资源，由他们生产内容，自媒体可在第一时间发布信息，而在传统媒体中，一条新闻的发布，需要经过新闻线索的采集、创作、编辑、审核、专题、推送的过程，在这整个的过程中，稍有差错，稿件就有可能被推翻重来。而在自媒体平台上，每一个人都能够成为传播者，成为信息的发布者，无论你来自哪里，无论出身于哪种职业，只要你有想发布的想法，申请入驻平台，通过认证之后，就有发布信息的权利。

信息的来源更加广泛，调动了用户的积极性，同时这也打破了以往对于新闻发布者的职业和角色限制。目前已经有超过45000名的自媒体人入驻一点资讯，众多的自媒体资源成了一点资讯的内容支撑。

针对自媒体产生的内容，一点资讯将稿件的内容按等级分类，稿件的质量分为六个等级，稿件的等级越靠上质量越高，也越容易被推荐和分发。一级和二级源很难得到分发；三级为基本可信源，运营人员或者机器可以将其推送到频道里；四级为优质源；五级和六级源是非常顶尖的文章，从算法和运营两方面加权推荐。这个稿件等级制度对于优质内容的产生有一定的促进作用。

### 2.2 充分挖掘用户的需求，释放长尾效应

聚合类新闻资讯APP在内容源上汇聚多方声音，打破了原来传统媒体把握话语权的场面。比如一点资讯主要是通过技术抓取海量信息，进行资源的汇聚重组，虽在内容的生产上依赖自媒体，缺乏专业的记者团队，通过技术手段实现内容与用户需求的统一。用户对政治、经济、文化、军事、历史等多个领域具有信息需求，要满足用户的多样化需求，聚合类新

闻资讯 APP 主要是通过与中央媒体、地方媒体、门户网站、行业网站、自媒体等达成合作，聚合内容并将其贴上具体的标签，对用户进行精准分发，以期能够满足用户的长尾需求。一点资讯的用户在社交上以二次元风格为主，对音乐旅行美食这类标签最感兴趣，爱玩麻将和棋牌。由此可见在内容喜好方面，一点资讯的用户还存在着各式各样兴趣。一点资讯针对用户的兴趣和需求，开设相关频道，释放长尾效应。比如针对用户对桌上音乐的喜爱，开设喷笔频道，该频道的视频播放量超过 10 万，这也证明了长尾效应的成功。

同时，在推送时一点资讯对频道进行测评，通过指标对数据进行分析，进而预估用户对推送内容的满意程度。之后那些点击量和关注度较低的频道会经过整改涅槃重生，而有些低关注度的频道则会被删除。一点资讯通过这种方式不断了解并挖掘用户价值，传播内容并进行品牌渗透。一点资讯的兴趣指数榜单，就是通过收集用户的使用行为，并且对其进行深入的挖掘和分析，对热度话题进行排列，榜单根据用户的点击量和热度而实时变化，结合用户自己添加的感兴趣的频道，精准推送内容。

### 2.3 兴趣 + 推荐 + 搜索 = 深度挖掘用户需求，增加用户黏性

用户可在一点资讯的界面上自行搜索，添加自己喜欢的频道并关注。一点资讯将根据实时热点的变化，结合用户的使用行为，根据用户搜索的关键词，挖掘用户的兴趣和喜好，满足用户的内在需求，不断提高信息触达的准确度。在对用户使用体验的调查中，有四成用户认为在使用一点资

讯时，每次都能阅读到自己需要的内容，比较满意的用户也占四成左右，而体验较差和非常差的用户总占比仅 1.2%，由此可见，一点资讯的用户满意度相对较高，这也证明了其用户的忠实度较高。

## 3. SWOT 分析

### 3.1 优势分析

趣头条抓住互联网流量下沉的趋势，瞄准三四线城市用户，针对其与一二线城市不同的使用诉求、生活环境、消费水平等诸多因素，建立金币变现机制，吸引用户下载，用户可以通过阅读获得金币，这一点较大程度地增加了用户黏性。

对于一点资讯来说，其优势在于以下两点。

优势一：对中年群体的渗透率较高。根据极光数据 2018 年 12 月公布的数据，一点资讯的用户忠诚度略高于其他综合新闻资讯 APP，短视频在一点资讯用户中的渗透率最高，达到 83.9%，居于各新闻资讯类 APP 首位。在与短视频 APP 合作的同时，一点资讯开设更多的频道，对三四线城市用户的兴趣爱好进行深入挖掘。

2018 年 12 月，中国互联网中心（CNNIC）发布了《第 43 次中国互联网络发展状况统计报告》，其中在城乡网民分布上，我国农民网民占总网民的 1/4，与 2017 年同期相比，增加了 6 个百分点，在用户规模和增速上都低于城镇网民。虽然网民以中青年为主，但是却在逐渐向中高龄人群发展。而一点资讯在45岁以上的用户中渗透率超过10%，在各年龄段中渗透率最高。由此可见，一点资讯，在把握用户心理和挖掘三四线用户内在需求上有优势。

优势二：对内容有较好的把关。自2018年以来，国家对传媒行业加大监管力度，对不合规内容进行严肃整治。艾媒资讯对各综合资讯类APP的内容进行收集分析，对其绿色健康程度进行评估。其中，内容涉及色情、暴力、毒品烟酒、恐怖惊悚等内容越多，其绿色指数呈反比下降。APP的绿色指数越高，则代表APP的内容把控越好，平台展示的内容积极健康，符合社会主流价值观，适合全民阅读。

在这份榜单中，趣头条排名第八，一点资讯排名第十三，今日头条排名第十九。APP绿色指数分别为65.4，61.3和53.1。与其竞争对手相比，一点资讯的排名是居中的。但是一点资讯在内容的把控上较有优势。例如，2018年2月5号，凤凰一点号发布"一点号黑榜"，超过8000用户被彻底封禁，并且对一些标题党和发布色情、虚假信息的账号进行了永久的封存，在内容质量的把控上，一点资讯正长期与互联网中的低俗文风作斗争。

把关力度不严，用户如果长期浏览低俗内容，会产生信息茧房问题，禁锢在这些内容之中，难以自拔，算法会持续推送此类内容，形成恶性循环，长此以往会影响用户的人格和身心健康。总体来看在内容的把控上，一点资讯通过技术的进一步升级，以及层层把关，在内容生态的建设上底线明确，存在把关优势。

### 3.2 劣势分析

劣势一：一点资讯是通过算法实现对用户的个性化推荐，通过其与传统媒体合作及引入大量的自媒体入驻，实现内容源的多样化，但是在这一问题上存在着版权纷争。2018年9月，国家版权局约谈了十三家网络服务商，要求平台对内容的版权进行保护，要加大力度规范网络转载。在版权问题上，一点资讯面临与所有算法推荐类APP同样的问题。

劣势二：一点资讯主要是通过LBS收集用户信息，通过对用户使用场景等的分析，对其使用时长、兴趣爱好等深入挖掘为卖点。但是与其模式有极大相似性的今日头条进入市场较早，占据大量的市场份额，对一点资讯来说，如何扭转用户已有的使用习惯，将其转化为自己的用户，甚至是忠诚的用户，这是一个难题。

劣势三：在优质内容的产生上，一点资讯虽然对稿件的质量进行了等级制度的划分，并且对优秀稿件进行加权推荐，但是在这一过程中，自媒体等级升级过慢，一点资讯不能有效地留住自媒体用户。而且一点资讯着重对四级及以上的优质内容进行推送，这造成底部的优质小号上升空间小，这在一定程度上降低了自媒体用户生产和发布内容的积极性。在审核方面，一点资讯对内容进行严格把关，对平台的基本用户发布的文章审核周期基本在一周左右，对比产品今日头条的审核周期在一天以内审核周期过长。审核周期过长会打击自媒体发布的热情，同时即使审核通过，也可能在时效性上有所延误。

### 3.3 机会分析

根据猎豹全球智库公布的数据，从整个市场来看虽然在短期内用户使用APP的数量不会得到扭转性的改变，但是找到那些下载和安装APP较多的22%的用户也正是机会所在。这些用户对于新闻类APP有比较大的兴趣，新闻领域是其比较愿意尝鲜的领域，毕竟在信息爆炸的时代，如何从海量信息中找到自己需求的，用户还是很愿意尝试多种方法的。如何抓住这22%的用户，深入挖掘他们的需求，发挥长尾效应正是机会所在。目前，以算法为主要依托进行个性化推荐的综合新闻资讯APP都面临着版权问题，对内容无版权虽是其劣势所在，但能够对原创内容进行保护和挖掘，促进更多的优质内容产生，调动起平台的活力，或许能够转短板为最大优势。

### 3.4 威胁分析

针对用户对新闻来源信任度的问题，艾媒资讯曾在2017年做过调查，用户在使用新闻资讯类APP时对传统媒体（33.8%）和门户媒体（32.8%）较为信任。尽管随着互联网的发展及移动通信端的普及，传统媒体不再是用户获取新闻的主要方式，但传统媒体的品牌和社会价值依旧存在，其拥有专业的记者团队，具备超强的内容生产和运营能力，始终坚持正确的舆论引导。比如，人民日报在2018年综合资讯类APP内容绿色评分排行榜中得分最高，说明其推送的内容积极向上，符合社会主流价值观，适合全民阅读。同时，人民日报也正在与百度共同合作，在技术上也将得到全面的提升。在这样的危局中，一点资讯如何突破重重艰险，以价值内容、品质内容赢得更多的用户是其面临的主要问题。

## 4. 结语

一点资讯能够从聚合类新闻客户端市场中杀出重围，与其独特的算法机制密不可分。但要在激烈的市场竞争和平台角逐中保持优势，必须要在优质内容的输出、内容把关上狠下功夫，利用本地化资源与传统媒体强强联手，以用户核心需求为抓手，借助产品社交化、内容垂直化、运营多样化的发展思路致力于平台建设，在此基础上不断拓展商业边界，实现平台的长久发展。

# "懂球帝"，懂球又懂你

张钟浩

随着经济和科技的发展，移动互联网技术和人们的生活水平不断提升，体育类APP受到越来越多用户的追捧。随着各种体育运动的不断普及，体育类APP的下载量正在逐年飙升，注册用户每天打开的频次也在不断增多。内容策略一直是所有APP运营者共同关注的，它对APP的未来发展至关重要，对于体育类APP亦是如此。"懂球帝"不仅为用户提供即时的足球资讯、深度的赛事报道和全面具体的技术统计数据，同时它也提供社交服务，为广大足球爱好者提供最新的足球新闻资讯及最专业的足球战术分析，紧紧围绕"足球"这个关键词展开，用户需求与平台内容提供紧密契合。"懂球帝"目前已拥有千万量级用户，是足球爱好者喜爱的体育类APP之一。可见，"懂球帝"不仅在广大足球迷群体中拥有一定口碑，同时也受到市场的关注。"懂球帝"已经完成C轮融资，融资额约3.5亿元。"懂球帝"迅速发展的背后，存在很多值得思考和挖掘的行业研究价值。本文就从"懂球帝"最具特色的内容层面入手，试图为当下体育类 APP 在内容策略方面的发展提供建议。

## 1. "懂球帝" APP 的概况

### 1.1 "懂球帝" APP 的发展历程

"懂球帝"于 2013 年由陈聪创立，其 APP 于 2013 年 12 月在苹果 APP Store 首发，当日的下载量一路冲到 APP Store 中国区体育类 APP 排行榜的榜首，此后稳定处于体育类免费 APP 排行榜的前 20 名。"懂球帝"APP 在苹果客户端发布不久后，也于 Android 客户端上线。在上线两个月后，"懂球帝"便获得百万金额的投资。随后不久，又完成了百万美元的 A 轮融资，为即将于同年 6 月到来的世界杯这一主战场蓄力。在第 20 届世界杯举行期间，"懂球帝"用户猛增，此时还推出了许多世界杯专题版块，并大力推广。比如"世界杯圈子"，"懂球帝"为球迷打造了一个信息交换场，在这个圈子中来自五湖四海的球迷进行交流，交流各自的心得，"懂球帝"成为人们看球、聊球的必备 APP 之一。2015 年"懂球帝"完成了 B 轮融资，同年 9 月获得 3.5 亿元的 C 轮融资。此时，它已拥有 2800 多万注册用户，日活人数达 200 多万。根据可查的数据得知，2018 年世界杯开播当日，"懂球帝"又火了一把，下载数量持续飙升，在此期间，用户日活峰值接近 1100 万，每人每天平均打开 8~12 次。目前，"懂球帝"拥有千万量级用户，已经成为国内足球类 APP 的热门应用之一。

## 1.2 "懂球帝"APP 的产品结构和功能

用户下载并安装"懂球帝"APP 后就可以在应用中浏览相关内容。从"懂球帝"产品结构上看，打开"懂球帝"APP 后有五个大版块："首页""比赛""我的关注""足彩""数据"。

（1）"首页"版块。

"首页"版块是"懂球帝"APP 一直以来最吸引球迷的版块，它是用户获得足球资讯的"主阵地"。"首页"版块的头部从左至右有视频、足球、世界、圈子这四个频道。

当用户打开 APP 首先进入的是"首页"版块的足球频道，而并非是从左至右排第一位的视频，可见足球资讯是"懂球帝"APP 的核心内容。在足球频道下又有 12 个子栏目，囊括了"头条""热门""中超""懂球号""集锦""英超""西甲""意甲""德甲""五洲""深度""专题"。

①"头条"与"热门"这两个栏目相辅相成，"头条"栏目主要是发布一些最新、最有料的足球资讯，而"热门"栏目主要汇集了当日倍受球迷关注的足球资讯。"头条"栏目涵盖了懂球号、懂球帝战报、推广广告等内容，可以说是重磅足球资讯和深度文章的集散地，同时它还显示重要赛事的比赛预告。在"热门"栏目，用户可以看到当下最热的足球新闻资讯，每条资讯评论量都不下四位数，从这里用户可以了解到球迷们现在在关注什么、讨论的热点是什么。

②"中超""英超""西甲""意甲""德甲"这五个栏目负责发布对应联赛的足球资讯,"五洲"栏目则是发布除五大联赛和中国联赛以外世界其他范围内的足球资讯。球迷们想要获取的国家联赛最新的资讯,这些栏目内容均可覆盖,满足了不同用户获取足球新闻资讯的需求。

③"懂球帝"于 2016 年 8 月推出"懂球号",它是专业足球自媒体平台,用户可以自由发布个性化内容,它的功能与微信的公众号相近。"懂球号"的设立吸引大量自媒体的入驻,进而使"懂球帝"的内容实现了内容、社交、自媒体共同输出的方式,可为用户提供更加多样的原创内容。同时,"懂球号"也帮助一些球迷挖掘自身在足球资讯创作方面的价值。

④"深度"栏目颇受"懂球帝"用户喜爱。球迷可以从这里获取到各种各样的深度报道,既有关于比赛的深入分析,也有帮助球迷深入了解球员或球队历史的故事。此外,该栏目还涉及颇多足球产业发展状况的相关报道。

⑤"集锦"栏目主打精良的比赛视频集锦,选取足球比赛中精彩镜头,以生动详细的动图方式呈现。很多球迷不可能每场比赛都看,"集锦"选取的片段一般都是整场比赛中的关键点,他们可以通过观看"集锦"来了解全场比赛。

⑥"懂球帝"APP 的专题也称专栏,在此发布的都是专题类足球资讯报道,如"新闻大爆炸""懂球帝本周十佳球"等与足球相关的专栏,也包括"不说足球"等与足球无关的专栏,多样性的专题文章受到许多球迷

们极大的关注。

视频频道呈献给用户们丰富的视频内容，它的使用方法类似于"抖音"，用户可以上下滑动观看短视频。其中，收录了许多以前传统的电视足球节目，比如央视《天下足球》策划制作的"绝对巨星""经典重温"等经典的足球节目。同时，"懂球帝"也推出了原创的足球节目《你懂得》，每期节目帮助球迷了解一支球队，获赞很多。视频频道其视频内容十分丰富深受球迷们喜爱。

"圈子"频道是"懂球帝"独创的球迷交流社区，"懂球帝"以此为用户提供社交服务，这是"懂球帝"APP的特色所在。在"圈子"中汇集了许多有意思的话题，那些具有代表性的话题往往会上热门。随着"懂球帝"的不断发展，"圈子"的数目不断增多，已达百余个，其类型也是不断地在丰富，包括各大俱乐部、球星球员、球鞋、情感等多种类型的"圈子。

（2）"比赛"版块。

"比赛"版块主要的功能就是提供各大足球比赛的赛事预告、视频直播、文字直播、双方出场阵容、足彩分析等服务，既有即时赛事播报，又有过往比赛的赛况，用户可以根据自己的需求在"关注""足彩""中超""英超"等栏目中随意切换。"懂球帝"APP为广大球迷提供了较为详细周全的赛事服务。

(3)"我的关注"。

用户可以在"我的关注"中设置自己的最喜爱球队及想要关注的队伍和球员,此后系统就会主动为用户筛选出自己所关注的球队或球员的消息动态,并在底部的导航栏中显示所关注的球队的队徽,彰显自己的球迷身份。这些消息动态主要来源于"懂球帝"文章、"圈子"、新浪微博,既有资讯文章又有动态视频。除了这些消息动态,球迷还可以了解到球队赛程、球队或球员的信息。可以说"我的关注"是"懂球帝"APP为用户提供个性化服务的一个版块。

(4)"足彩"。

在"足彩"这个板块中用户可以获得与足彩有关的众多信息,用户可以看到赛事的即时比分、足彩赔率指数、预测分析等数据。除了足彩讯息外,在"聊球"栏目中彩民可以分享投注技巧,交流足彩心得。"足彩"版块的出现可以说是"懂球帝"在C轮融资之后,在盈利方面的尝试。

(5)"数据"。

任何体育运动都离不开数据,足球比赛最喜欢用数据说话,作为一款专业的足球APP"懂球帝"拥有较为专业且强大的数据库。"数据"版块的数据资料涵盖了从2010年开始至今全球范围内的72个赛事的数据资料,既有欧洲五大联赛、欧冠、中超等热门赛事,也有欧洲的次级联赛、美职联、K联赛等诸多冷门赛事。在"数据"版块不仅可以查到积分、球员榜、球队榜和赛程等常规数据,还可以查询到具体详细的比赛技术统计，如失球数、抢断数、传球成功率、场均射门数、红黄牌数等，这些数据最早可追溯至 2010 年。

## 2. "懂球帝" APP 的内容分析

### 2.1 "懂球帝" APP 内容发展历程

"懂球帝"内容的发展经历了"内容""内容+社交""内容+社交+自媒体"三个阶段，这是"懂球帝"不断探索、形成自身特点的历程。

（1）"内容"。

"懂球帝" APP 上线之初仅仅扮演的是"资讯"和"深度"文章内容提供者的身份，也为用户提供与足球有关的诸多数据，满足用户对优质资讯获取的渴望。根据内容可分为两类：一是新闻类资讯，可分为足球消息、评论和专题；二是休闲类内容。

①消息主要是指足球赛况和最新足坛新闻。"懂球帝"用极其精炼的表述将赛事情况和重要的足球新闻推送给用户，让用户及时获取足坛动态，这一类内容具有较强的时效性、碎片化特点。

②评论则是针对赛事情况的评述，这类内容以专业化的角度对足球赛事和知识进行深入分析和探讨，文章内容专业性强，既有纯粹的战术理论分析、球队球员状态解读，也有联赛发展预测等。

③专题栏目多报道系列内容。这些内容主要来自"懂球帝" APP 自己的编辑写作队伍，作为专业足球编辑他们可以提供优质的内容。例如，

"足协每周处罚"专题,该专题内容都为中国足协每周开出的罚单的报道。各式各样的专题倍受诸多球迷的关注。

④休闲类内容较为轻松与娱乐,用户可以了解到球场内外的趣闻轶事。相比于新闻类资讯,休闲内容不那么严肃,其内容十分丰富,满足用户休闲需要。

(2) "内容+社交"。

"内容+社交"的内容生产模式更加注重的是粉丝之间的信息交流。2014年6月,"圈子"功能应运而生,它为球迷们搭建了交流社区平台。不仅充分利用新闻资讯的评论区,采用点赞评论上热门的激励方式,鼓励用户做出具有独到见解或者球迷认同度的评论,并吸引更多的用户进来阅读并点赞和评论。同时,还新增了许多"圈子",用户自主选择进入相应的"圈子"进行发帖和回帖,实现球迷间的互动。志同道合的球迷可以互相关注,实现社交平台的功能。这种方式让用户可以方便快捷、随时随地进入"圈子"互动,降低了进入社区讨论的门槛。打破了PC端网络社区的时空限制,用户可以更方便快捷地参与到相关话题的讨论中。

"内容+社交"的内容模式增加了用户黏度,提高了APP的用户留存率,"懂球帝"借助高质量的用户基础稳步向前。

(3) "内容+社交+自媒体"。

"懂球号"是"懂球帝"APP内容布局的新鲜尝试,让"懂球帝"APP在内容生产模式更加完善,内容更加多样化。许多足球官方俱乐部入驻

"懂球号"向忠实球迷及其他用户宣传自己的俱乐部,这也证明"懂球帝"APP已经得到诸多足球俱乐部官方的认可。

## 2.2 内容特色

"懂球帝"APP自上线以来,短时间内发展成为足球资讯类热门平台,其专业的知识和丰富的内容是撒手锏。

(1) 丰富的内容呈现方式。

"懂球帝"作为足球"资讯+社交+自媒体"多元化内容生产方式的APP,其产品内容丰富多样,不仅限于纯文本、纯视频、"文本+图片"等传统呈现模式,"文本+图片+视频"的内容形式更是"懂球帝"APP运用最多的。值得一提的是,"懂球帝"在"足球音乐节"这个主题还加入了音频,实现了文字、图片、音频、视频等多媒体形态的融合,吸引广大用户点击阅读,满足用户视觉和听觉的需求。

(2) 广泛的内容生产者。

"懂球帝"APP除了自身拥有一支专业化的编辑团队外,还有许多全职和兼职作家,共同生产官方内容,保证内容丰富不单调。"懂球帝"还依托其社交属性,鼓励用户生产内容,在UGC的内容生产模式中,用户就是内容的生产者。此外,"懂球号"还充当着自媒体内容生产者的角色。

(3) 全面而专业的数据资料。

对于体育类APP,全面而专业的数据库是不可或缺的。用户能查到世界各大联赛的积分榜、球员榜、球队榜等数据。更可以搜索到球员的数据，如国籍、年龄、身高、体重、所在俱乐部、球衣号等，甚至连场均出场时间、传球成功率、被犯规数等数据都可以被查到，可谓是十分详尽。

(4) 丰富的娱乐新闻和足彩信息。

除了常规的足球新闻资讯，"懂球帝" APP 还有丰富的娱乐新闻，主要包括球员的场外生活，以及足球除外的娱乐新闻，如专题栏目中的"女神大会"，每期都会通过"文字+图片+视频"的形式向用户介绍一位女明星，作为拥有近七成男性用户的 APP 来说，这个栏目总是能吸引不少用户来点击查看。

足彩信息则是为足彩爱好者设置的，足彩的投注增加了观赛过程的刺激性和趣味性，所以足彩信息的出现也是顺其自然。

(5) 个性化的订制服务。

"懂球帝" APP 通过设置"我的关注"这一板块，让用户自由选择一支自己所支持的球队，然后在底部导航栏中间的位置显示该队的队徽，展现用户的球迷身份。同时，点击队徽就可以查看球队的动态信息、赛程、数据等详细的资料。此外，"懂球帝" APP 还有一个"我是教练"的特色功能，根据自己的喜好排出一套足球比赛阵型，并分享给他人。相信随着媒介技术不断地更新突破，个性化订制服务会越来越丰富。

## 3. "懂球帝"APP 与"虎扑"APP 的内容对比分析

根据前文对"懂球帝"APP 的发展历程和现状的详述，尽管"懂球帝"APP 已经成为足球资讯类 APP 的热门应用，但是还有进一步发展的机会，同时在如"虎扑""直播吧""新浪体育"等老牌体育媒体的冲击下，"懂球帝"APP 必须不断完善和优化，在体育类 APP 激烈的市场竞争中进一步发展。为了更进一步地研究"懂球帝"APP 在内容方面发展的优势和不足，本文选取老牌体育网站"虎扑体育"旗下的"虎扑"APP 进行对比分析。

### 3.1 "虎扑"APP 的概况

"虎扑"APP 是专注于篮球、足球和电竞的体育类社区 APP，主要为用户提供篮球、足球、竞技信息和社交服务。"虎扑"APP 来源于"虎扑"网，最早可追溯到 2004 年的"Hoop 篮球论坛"。2007 年足球频道正式诞生，2012 年"Hoop 篮球论坛"正式更名为"虎扑"，同年"虎扑体育"APP 发布，为用户提供足球和篮球的资讯和社区服务。2017 年 8 月"虎扑体育"APP 正式更名为"虎扑"APP，同年 10 月增加电竞版块。现今，"虎扑"APP 的足球内容主要分为"国际足球"和"国内足球"两个栏目。

### 3.2 "懂球帝"APP与"虎扑"APP的内容共性分析

(1) 内容输出相似。

"虎扑"APP和"懂球帝"APP的内容生产都包括即时的新闻资讯和深度文章。同时，用户都可以在这两个APP上查询到丰富而详细的数据资料。此外，两者内容呈现方式上也大体相同。

(2) 内容的生产者相似。

在内容生产者方面，两者的内容基本来源于官方编辑团队和用户。在保证其官方内容稳定输出的同时，尽可能鼓励用户进行内容的生产，使其内容更加多样，吸引更多的用户点击阅读。

(3) 同时提供"内容+社交"服务。

两者都为用户提供新闻和社会服务。在"懂球帝"APP中社交服务主要体现在"圈子"功能，而"虎扑"APP有专门的社区版块来提供社交服务。用户都可以根据自己的兴趣"进圈"交流或者进入相应的社区交流，通过发帖的形式发表自己的观点，并在帖子的评论区与其他用户互动交流。

(4) 注重用户个性化订制。

"懂球帝"APP与"虎扑"APP都注重为用户提供个性化服务，比如"虎扑"APP可以订制自己想要看的频道，"懂球帝"APP没有"我的关注"版块。个性化订制服务是当下APP提高用户留存度的关键。

### 3.3 "懂球帝" APP 与 "虎扑" APP 的内容差异分析

（1）垂直化程度不同。

"懂球帝" APP 的内容生产围绕足球展开，而"虎扑" APP 涵盖的范围更广，"虎扑" APP 还覆盖篮球、电竞、电影等。"懂球帝" APP 相比于"虎扑" APP 的垂直化程度更高。

（2）内容生产各有特点。

尽管两者在某些内容生产上有相似之处，但两者也各有不同。"虎扑" APP 经常会转载其他媒体和一些球队官网上发布的文章，来填充自己 APP 中的内容。

"懂球帝" APP 中则不常能看到从其他媒体转载过来的内容，"懂球帝" APP 还是以原创内容为主。自媒体平台"懂球号"也输出内容，其发布的内容通常质量与专业性较高，因为"懂球号"的运营者都是足球界的资深人士。

## 4. "懂球帝" APP 在内容生产过程中出现的问题

"懂球帝" APP 提供的足球资讯总体是比较全面的，但是多为其他媒体消息的再加工，独家消息生产不多，许多消息的准确性一般。

随着"懂球帝" APP 的快速发展，其人员结构也越来越复杂，内容生产队伍也不断在扩充，导致编辑队伍的专业性下降，不管是新闻资讯和深度文章的质量都有所下降。

此外，"懂球帝"因原创视频制作周期长、技术成本高而采取拿来即用等方法把他人制作的视频内容于自己的平台发布，这让"懂球帝"陷入版权纠纷。随着我国版权相关的政策日益完善，对用户的版权保护力度也逐渐加大，"懂球帝"若不做出改变，将会被其他平台超越。

## 5. 对其他体育类 APP 内容发展的启示

### 5.1 从用户需求出发，提高用户留存率

首先，对于体育类 APP 的用户来说，获取想要的信息是最基本的要求，所以不管是资讯内容还是深度内容都需要得到 APP 运营者的重视。单一的 PGC 内容模式难以满足当今用户对体育新闻资讯获取的要求，要想在市场中站稳脚步，平台应将 PGC 和 UGC 的内容生产模式集合起来，打造多样性的内容。这种内容生产模式，保证了内容的丰富程度和较高的专业度。并且，还要保证内容的准确性和真实性，在这个前提下尽可能地满足用户获取不同内容的需求。

其次，不断完善社交功能，经营好体育社区。随着移动互联网的发展，人们对 APP 的社交需求逐渐显现出来，体育类 APP 必须要有高水平的社交功能。体育类 APP 应投入更多人力、财力和精力运营好社区，完善其功能，提高用户黏性，而不只是做单纯的资讯提供者。因为这些社区平台也是大量 UGC 内容生产的"主阵地"，它们可以引导官方内容的生产，将更好的内容呈献给用户。

### 5.2 重视技术研发，提高数据获取能力

通信技术和移动互联网技术正在快速发展，体育类 APP 的开发者也应跟上脚步，不断研发新技术来更新 APP。提高获取数据的能力，将算法与人工智能技术相结合，完善内容的管理机制，将信息更为快速、准确地传递给目标用户。

### 5.3 增强编辑队伍的版权意识，加强版权合作

体育赛直播市场的竞争越来越激烈，赛事转播权的竞价也在逐年上升。赛事直播可以为体育类 APP 带来巨大的流量，因此各大 APP 都想在直播方面有所作为。但是赛事的直播权和转播权掌握在少数人的手中，且价格十分昂贵，加之国内用户对预付费观看直播模式没有经过长期培养，认可度不高，购买了相关赛事的版权却难以盈利。对此，各大体育类 APP 可以加强版权合作，实现"双赢"。同时，培养编辑团队的版权意识，杜绝文章抄袭的现象，营造支持正版的社会风气。

## 6. 结语

未来，受众需要更多的高质量信息，对社交的需求也会越来越强，体育类 APP 的内容生产将更加多样化，内容本身也将更加多元且富有深度。只有为用户提供更好的服务，想用户之所想，才能从竞争中胜出，体育类 APP 在内容的发展上还有很长一段路要走。

# 澎湃新闻"汹涌"的互动传播

赵晓宇

澎湃新闻作为上海报业集团改革后发布的新媒体项目，定位于"专注时政与思想"，致力成为"中国第一个新闻问答产品"，承载了《东方早报》原有的新闻报道和舆论引导功能。2014年7月上线以来，澎湃新闻先后从内容生产、传播渠道、平台功能等多方面发力，最大限度地吸引用户参与其中，增强思想时政类新闻传播的互动性。本文结合澎湃新闻客户端互动性传播的特色及目前存在的问题，对澎湃新闻互动性传播的发展策略提出建议。

## 1. 内容互动性生产

澎湃新闻在内容生产上不仅有上海报业集团传统媒体平台的资源优势，并且从内容生产环节开始就与用户保持良好互动，一方面由专业的编辑记者生产高品质的新闻资讯内容，另一方面也为用户提供了多方位的内容自主生产和传播途径，激励用户参与到新闻生产环节。

### 1.1 与传统媒体共享内容资源

澎湃新闻与上海报业集团的传统媒体平台在专业人员分配上实行"总体打通，各自分工"，新闻客户端的部分记者和编辑来自传统媒体，不仅理论功底扎实，有着丰富的新闻采编经验，而且在新媒体平台相对自由的工作氛围中，他们的工作能动性得到更充分的发挥。记者采写的新闻内容同时为报纸和客户端两个平台供稿，再分别由各自的专业编辑完成稿件审校，并且优先在新媒体平台发布。此外，为了第一时间对突发事件进行现场报道，澎湃新闻还专门设置了新闻"连线组"，负责网络舆情的日常监控，他们时刻关注来自客户端评论、网页私信等多个渠道的新闻线索，发现有价值的舆情事件，第一时间通过网络、电话等方式与当事人（报料人）取得联系，再派记者前往现场。此外，除了在不同地区设置分社，澎湃新闻还配备了机动记者团队，可以随时派往各地新闻现场进行采访，以便第一时间拿到新闻素材。

### 1.2 激励读者自主生产内容

面对纷杂的社会，记者和编辑队伍配备得再齐全，都不能保证时刻关注到所有的新闻事件，只有利用好用户资源，才能及时发掘更多有价值的新闻线索。澎湃新闻致力于生产高质量原创新闻的同时，从客户端的功能设计出发，让用户在使用过程中可以感受到普通人的观点也有可能成为下一个"焦点"，激励读者自主生产内容。澎湃新闻客户端不仅设置了"新闻报料"栏目，公布了"报料电话"，而且承诺报料的内容一经采用将会获得"报料收益"，这在一定程度上激发了用户参与的积极性，也拓宽了新闻线索的来源。同时，在阅读过程中，用户可以将任意一篇报道分享至"微信好友""朋友圈""钉钉""微博""QQ好友""QQ空间"等，在转发分享时还可以添加观点评论，激励用户从阅读观看新闻到互动分享内容。

## 2. 特色互动功能

澎湃新闻致力于成为"中国第一个新闻问答产品"，其中"问答"就体现着互动的理念。除了有转发、评论、分享等传统新闻客户端必备的基本互动功能以外，澎湃新闻还增加了"提问""讨论"等独创性互动功能，实现用户对新闻资讯的追踪和交流。

### 2.1 "问吧"功能

"问吧"作为问答模式的互动社区，是澎湃新闻的互动传播特色之一。这项功能下设有"焦点""思想""圆桌""目击""探索""法律""教育""明星""政务""健康"等版块，详细的分类便于用户针对相关问题寻求这一领域专业名人、意见领袖的解答。"问吧"栏目中多数的提问和回答都是开放的，相关主题的内容被整合成专题，方便用户查看不同领域的专业人士各个角度的回答解读。据澎湃新闻官方公众号发布的年度报告，2018年澎湃"问吧"共上线话题402个，共有378位新进题主与用户互动交流，栏目总点击量达 3.3 亿余次，产生互动量达 100 余万条。

（1）紧跟热点事件。

澎湃新闻作为原创新闻和深度报道平台，通过"问吧"栏目回答用户就热点事件提出的相关问题，向用户展现较为全面的现场细节，或由当事人还原事件真相，或由专业人士提供解答，直接回应用户的疑惑。虽然新浪微博"热搜排行榜"等其他平台的相关栏目也关注热点事件，提供评论和问答服务，但澎湃新闻"问吧"功能仅展示被题主选择回答的提问，并且相对于微博互动，"问吧"没有字数的限制，这样更容易将高质量的问题和解答直观呈现给更多用户，而不是让用户在海量评论中筛选有用的信息。例如，关注度极高的"巴黎圣母院着火"事件，澎湃新闻除了"巴黎圣母院大火：烧了什么，留下了什么"新闻报道外，"问吧"还提供了由索邦大学法国文学博士马莎莎设置的专栏解答，用户就"巴黎圣母院的地位""是否能够复原"等问题展开提问，题主结合专业所学为用户答疑解惑。

（2）用户创建话题。

在"问吧"栏目中，除了平台邀请到的名人和专家，用户也可以通过申请认证回答问题。浏览其他用户提问和题主回答的同时，用户可以自己创建话题，并通过给平台编辑留言的方式，注明个人身份以及可以作答的时间等信息等待审核，一般申请话题的审核时长为 1~3 个工作日。通过审核成为题主后，就可以在相关问题中与其他用户展开交流，答疑解惑。每个人都有擅长的专业领域，通过回答问题获得认同感的方式，无形中提高了用户参与互动的积极性。

(3) 点赞数反应关注度。

点赞对于用户来说不仅简单地代表着"已阅"，而且能表明个人态度，最主要的是能成为其他用户阅读浏览的参考，一篇报道或者问答的点赞数量可以反映这个内容的关注度以及用户对其中观点的态度。在"问吧"中，用户可以根据点赞数量判断问题的热度，编辑可以通过置顶点赞数量较多的话题来让更多的用户关注，形成双向互动，更好地满足用户的求知需求。例如，"问吧—明星"栏目，平台定期邀请当下有话题度的明星参与问答，一些热门明星的问答可以收获数以万计的点赞数，吸引着大量用户的关注，所产生的明星效应不容小觑。

## 2.2 收藏追踪功能

澎湃新闻还设置了"收藏追踪"功能，用户在浏览观看内容时可以根据个人喜好对想关注的内容一键收藏，被收藏的内容会单独整合为一栏，用户再次使用时可直接追踪事件后续发展，不用再次搜索，实现内容的智能化推送。澎湃新闻通过收藏追踪功能为用户呈现更多可能感兴趣的相关报道，满足读者更深层次的阅读需求。

## 2.3 AI 机器人聊新闻

"AI 机器人 陪你聊新闻"是澎湃新闻 2017 年上线的功能，AI 机器人"小冰"根据近期热点及用户的阅读历史，推送新闻专题报道或者舆情事件，用户在浏览的同时还可以就事件细节、观点意见与小冰对话，获取更多信息，这种智能回复的方式能够帮助用户自主深度阅读，小冰的提问也能引发用户对事件的进一步思考，而且推送的内容都是实时热度最高的事件，可以帮助用户及时掌握热点。

2.4 积分激励机制

海贝商城的积分兑换是澎湃新闻的用户激励机制，在注册登录后，用户可以通过每日签到、分享新闻、评论新闻、"问吧"提问、推荐客户端等互动行为获取"海贝"积分，每天可获得的积分有一定上限，积攒的海贝积分能够在海贝商城中兑换相应的礼品或者参与抽奖获得奖品。海贝商城的奖品分为线上代金券和线下优惠券形式，包括电影券、VIP代金券、餐饮打折券等，这种积分兑换机制能激励用户进行互动传播。

## 3. 互动传播渠道

澎湃新闻作为传统媒体转型改革的成果，有网页、客户端、官方微博、微信公众号等新媒体平台，客户端只是其内容承载的一种形式，在同一事件的报道发布中，澎湃新闻可以根据事件属性以及用户阅读习惯，整合不同的媒介平台的优势制定传播策略，利用微博传播的即时性可以快速提高用户的关注度，微信公众号的社交属性可以增强内容的影响力，而客户端和网页版的深度追踪报道能够满足用户的深层阅读需求。

除了联合传统媒体平台，澎湃新闻还利用自媒体资源，尤其在紧跟热点的专题报道中，充分发挥各自的专业水平和传播优势，呈现多方位报道，尽可能地还原事件真相。例如，在"巴黎圣母院大火"的专题报道中，澎湃新闻不仅选取了来自"北京新闻网""央视网""中国新闻网"的官方报道，还集合了"Brut 原色"等自媒体的现场报道及"现代出版社"的专题文章，再结合澎湃官方的数据和图集，用户在一个专题栏目中就能阅读浏览到关于这一事件的大部分信息，有数据分析、现场报道、深度挖掘，也有后续追踪，不仅努力还原新闻事实，还在传播效果上实现互动互补。

### 4. 澎湃新闻互动性传播的局限性及改进策略

澎湃新闻客户端致力于成为"问答新闻产品"，注重互动性传播，增加了许多有特色的互动功能与机制，但也存在互动性功能利用率不高、用户群体受限等局限性，仍有待改进。

#### 4.1 互动性传播的局限性

（1）问答功能效果未达到预期。

澎湃新闻客户端的问答功能是其互动性传播的特色亮点，设计者希望通过这类互动功能，让用户在使用过程中对不理解和想要深度了解的内容随时提问，及时解决疑惑，也增强用户之间的交流讨论，在追问和探讨中挖掘真相，为用户提供真正有价值的信息和观点。但就目前使用效果来看，并没有达到最初的预想，即使在一些首页推荐的热门内容中，也很少出现用户热烈讨论的场景，甚至很多内容都没有打破零评论、零回复的情况。我们在肯定澎湃新闻互动性传播策略的同时，也应该注意到实际使用过程中的局限性。

(2) 互动用户群体受限。

相比内容定位大而全的新闻客户端，澎湃新闻专注时政与思想，使得其在特定领域的用户体验更优，也因此收获了一批稳定的高质量用户。深入调查、观点新锐、官方发布等特色，使澎湃新闻的忠实用户多为关注时政并有一定文化基础的群体。根据相关数据显示，使用澎湃新闻客户端的用户中，55.88%的用户具有本科学历，44.12%的用户具有本科以上学历。艾瑞咨询发布的我国新闻客户端市场报告中，澎湃新闻在白领最喜欢的新闻客户端中排名第二。在肯定其用户高质量的同时，也应看到这种相对小众的定位造成了互动用户群体受限的问题，如何吸引更多用户，提高已有用户群体的互动积极性也值得平台思考。

(3) 平台社交属性欠缺。

社交属性是用户互动传播的重要动力因素之一，在社交媒体时代，新闻产品不仅应具有资讯工具属性，社交属性的重要性也不容忽视。目前，澎湃新闻用户在浏览阅读过程中只能分享内容至其他社交平台，而没有把客户端作为一个具有社交属性的新闻平台。以中宣部宣传舆情研究中心出品的全民学习平台"学习强国"为对比，用户可以通过"强国通讯录"添加好友，与好友一同学习，也可以通过群组功能分享交流，并且在"学习报表"一栏用户可以查看学习积分排名,这些社交属性在一定程度上激励了用户的互动热情,值得借鉴。

### 4.2 互动性传播的改进策略

(1) 关注大众视角。

内容采写权可谓是大部分资讯平台发展的局限,澎湃新闻虽然在内容定位上不及网易、新浪、腾讯等平台全面丰富,但其借助传统媒体资源,具有新闻的直接采访报道权,可充分利用这一优势,赢得众多的用户。首先在选题上,平台应侧重于关注大众视角,抓住大部分用户的关注点,考虑到不同文化层次用户的阅读需求,策划出更多用户关注的专题报道。其次在内容呈现上,应力求观点新颖,角度多样,在充分满足用户知晓权的同时,注重与用户之间的互动,使用户的表达权与监督权在网络空间充分展现,获得良好的传播效果。

(2) 优化栏目设计。

目前,澎湃新闻客户端的栏目主要有"要闻、推荐、视频、时事、财经、湃客、思想、生活、体育、评论、国际、智库、媒体、关注、北京、专题",主要版块包括"首页、视频、问政、问吧、我的"五部分,在使用过程中会发现有内容重合、版块划分不清等问题,为了追求分类细致而复杂化的栏目设置反而增加用户使用的不便,降低了用户的互动活跃度。设置简洁合理的客户端页面,为用户呈现清晰的定制化栏目版块,更有助于用户深度追踪阅读,也利于引导用户对感兴趣的内容进行互动传播。

(3) 增强社交属性。

在大部分新闻资讯平台中，传统媒体固定的传授模式已被传授界限模糊的互动传播替代，用户在阅读过程中真正关注的问题、交流讨论的话题及用户之间互动传播带来的舆情，都蕴含着新闻价值。澎湃新闻可以进一步增强平台的社交属性，如关注同一领域新闻的用户可以互相添加好友，分享信息；好友之间的海贝积分可以进行排名，实行榜单奖励等功能机制，帮助用户建立看新闻资讯的"好友圈"，提升用户的分享互动热情。

(4) 加强新技术的应用。

澎湃新闻已经应用了"AI机器人"等技术手段，帮助用户获取更多的有效信息，增强用户的互动体验。但从目前的使用情况来看，智能机器人"小冰"的利用率还不高，大部分用户没有将技术手段与日常使用结合起来。澎湃新闻可以进一步优化技术功能，开发出"话题推送""智能新闻评论"等栏目，优化用户的阅读体验，引导用户从阅读新闻到发表评论，从与智能机器人互动到与其他用户互动，再到与平台互动，提供新闻线索与舆情事件。除了 AI 技术，平台还可以在开发优化过程中结合新媒体写作技术，优化写作风格，增加时政新闻内容的趣味性和多样性，吸引更多用户关注。

(5) 有效利用与引导用户生产内容。

在用户生产内容方面，澎湃新闻目前已有"新闻报料""自媒体湃客"等机制体系，"湃客"栏目中自媒体发布的内容在部分专题报道中起到了丰富补充的作用，但这些都还只是一般性的参与手段，没有深入到更高层次的需求，无法全面激发用户创作内容的热情。并不是所有的用户都能成为高质量的自媒体内容生产者，澎湃新闻只有继续深挖大众用户的生产潜能，实现专业生产内容与用户自主生产内容的深度融合，紧抓用户提供的舆情热点，才能开创出有特色高品质的内容生产模式，实现高质量互动传播。

## 5. 结语

作为以时政新闻和思想内容为主打方向的新闻客户端，澎湃新闻结合新媒体技术创新与新闻价值传承，以"及时、独家、深度"为特色，正尝试于新闻问答、热点追踪的实践，为互动传播提供了很多新思路，通过产品界面优化、设置激励体系等方式，生产、整合优质的时政思想类内容，提高用户对时政新闻的关注度和参与度，取得了一些成绩。但也因内容特性、平台自身定位、传统模式束缚等局限性，仍存在一系列有待解决的问题，需在新技术应用、产品功能设计、用户定位等方面不断探索、改进才能更长久地发展。

# 浙江新闻玩转用户思维

牛嘉慧

浙江新闻APP是浙江日报报业集团倾力打造的一大核心产品，也是其推出的第一款移动新闻客户端，致力于扎根本地，扎根浙江，并于2014年6月16日上线，在上线半年的时间内便突破500万用户，成为国内省级媒体中用户数最多的新闻客户端。目前浙江人口数量为5000多万人，而浙江新闻的累计下载量已达到2028.13万次，由此可见，浙江新闻在新媒体探索方面下足了功夫。

如今的互联网时代，得用户者得天下。浙江新闻能够占领一席之地，最重要的一个原因便是以用户为中心，重视用户的平台价值。浙江新闻的目的是宣传主流舆论的声音，但说到底面向的还是用户，要吸引用户的注意力，就要以用户的需求、喜好为转移，不断地优化各方面的内容。浙江新闻在客户端的运行上巧用用户思维，力求把用户放在首位，尽可能深地挖掘用户的价值，做到"最本土的新闻、最便民的服务、最人性的互动"。

下文将从浙江新闻的新闻和服务本身,以及与用户互动等方面分析其是如何运用用户思维,增加用户黏性的。

## 1. 瞄准用户需求,提供优质服务

### 1.1 本地化服务,让用户享受便利

浙江新闻客户端坚持"用户至上"的理念,为用户提供了本地化、贴身化、实用性的民生服务,其中囊括了生活中很多大大小小的事,为用户的日常生活带来了极大的便利,从而使用户在享受便利的过程中,增强其对客户端的好感和依赖性。

首先,浙江新闻客户端开通了生活服务功能,总体上分为交通气象、政务办事、生活服务、党建服务四大类,还包括台风实时路径、地质灾害预报、免费法律咨询、数据浙江、诊疗挂号、党费计算等 25 项生活服务。此外,浙江新闻客户端还与浙江政务服务网合作,为用户提供交通违法查询、信用档案查询、成人高考查询、缴费凭证查询等各类生活服务查询窗口,让用户享受周到贴心的人性化服务。

其次,浙江新闻有 LBS 位置信息服务的功能,可以精准定位浙江全省 11 个地市,针对不同地市的用户提供个性化的专门服务,为其梳理并汇集各地的信息内容。用户可以自动定位到自己所在的城市,快速了解本地的相关通知和资讯,并且体验本地的便利服务。比如定位到杭州,这一频道中包括杭州吃货、钱报有礼、市区路况、房管办事查询等服务,不仅为用

户推荐杭州的小吃、周边的旅游信息、天气等信息，而且还可以在"杭州吃货"这一板块中直接购买商品，在"市区路况"中直接定位你所在位置的实时路况及拥堵情况，让用户切身体会到"互联网+"带来的便捷。

### 1.2 本土化新闻，让用户专读新闻

浙江新闻针对的用户是浙江地区的人群，在内容上也重视挖掘本土化的新闻，力图为浙江地区居民及关注浙江新闻的用户提供全面而深度的本地新闻，从而激起用户在心理及情感上的共鸣，引发用户在地域上的归属感、接近感和认同感，增加用户黏性。

首先，浙江新闻注重提供本地新闻。从2015年的2.1.2版本，到2019年的5.7.1版本，浙江新闻一共改版了27次，已经开通了12个市及52个区县频道，不断丰富地方新闻频道，整合新闻媒体资源，不断尝试挖掘更多的本地化新闻。不仅满足了政府需求，向百姓宣传政府的思想、方针政策等；同时也满足了用户的需求，为各地市的百姓提供他们想关心的新闻，让老百姓有知身边事的渠道。

其次，浙江新闻善于从重大新闻事件中提炼与浙江有关的内容。浙江新闻不仅通过转发新华社、央视网等官方发布的权威信息，让用户了解重大事件的相关内容与进展，还从中深度挖掘浙江元素，发布与浙江相关的信息，展现浙江风貌，让用户了解浙江地区的发展情况，吸引本地百姓的关注。

### 1.3 个性化推荐，让用户精读新闻

在当今的互联网时代，"大数据"已经不再是什么新鲜的概念了，用好大数据便能为新闻客户端带来更大的利益和价值。用户的需求决定了内容的生产，浙江新闻利用大数据算法技术，为用户提供个性化推荐，让用户在海量新闻中快速找到自己感兴趣的内容，从而精读新闻。

首先，浙江新闻利用个性化推荐引擎，为用户精准定制新闻信息。通过积累用户浏览新闻的时间、阅读习惯、点赞评论及在阅读完新闻后产生的 UGC 内容等数据信息，再加上用户所在的地域位置等信息，同时还引导用户设置其所关心的新闻标签，经过计算分析，便可以了解到每一位用户的阅读习惯和兴趣爱好，从而为其精准推荐个性化新闻，在碎片化阅读时代，使用户能快速了解想要知道的信息内容。

其次，浙江新闻还实行了"订阅"栏目的推荐形式，让用户在自主订阅中阅读精品内容。很多学者都会担心个性化推荐会带来信息茧房的负面效果，浙江新闻采用"订阅+推送"的模式，将个性化推荐与编辑推荐相结合，让用户能够接触到多方面的优质信息，并引导其自主地订阅感兴趣的栏目，从而形成良好的内容分发环流。此外，浙江新闻还引入了"时间场景"的概念，通过了解不同用户在一天中获取资讯的时间节点，在适当的时间场景中为其安排最精准的信息，从而提高用户的认可度，增加用户的依赖感。

### 1.4 可视化新闻，让用户"悦读"新闻

浙江新闻定位的是时政和经济方面的新闻，这类型新闻在内容报道方面难免会显得枯燥、乏味，为了吸引用户的注意力，浙江新闻创新内容模式，采用可视化新闻，将新闻内容制作成图片、漫画、视频、H5 等有趣的阅读形式，告别枯燥的专业性内容及复杂的数据信息，让用户在轻松愉悦中阅读新闻。

首先，浙江新闻策划具体的栏目专门制作可视化新闻，让用户在悦读中更好地理解新闻。例如，"话图侠"这一栏目，在 315 时期，特别策划了《买买买遇到新问题？一图教你如何维权》，利用图片的形式，让用户很好地了解到消费者维权的问题。此外，在两会期间也特别策划了一期内容，利用 H5 的交互方式，制作了《"浙江号"再起航 一起奔向新目标》这一内容，让用户能更简洁直观地了解浙江的发展成就以及今后的发展目标。

其次，浙江新闻也善于将重大事件制作成可视化新闻，致力于原创的可视化表达。例如，浙江新闻制作了《46 秒还原嫦娥四号奔月全过程》，通过动画的形式，为用户解析了嫦娥四号奔月的过程，让用户拥有更直观地体验和感受。

### 1.5 "起航号"上线，让用户快读新闻

2018 年 12 月，浙江新闻正式推出了"起航号"的概念，立足于打造党政新媒体聚合平台和智能指挥平台，运用大数据、人工智能和融媒体，

促进政务报道和传播不断蜕变升级。同时，在更好地研判舆情民意、智能指挥、形成协同高效的政务新媒体传播体系中发挥了较大的作用。"起航号"在"互联网+政务"领域做出了很多新鲜尝试，使得用户能够快速阅读更加实用、权威的一手信息。

目前，20余家省级单位已正式入驻"起航号"，整体入驻量超过400家，上线60天，共计发稿11806篇，总热度达1.8亿。"起航号"不仅为各级党委、政府、部门信息公开提供了高效便捷的"指挥系统"平台和工具，而且还为老百姓获得权威信息、了解政府决策提供了快速便捷的渠道。例如，遂昌县公安消防大队入驻"起航号"，发布了《遂昌消防救援大队招聘合同制消防员的公告》，这就为应聘消防员的用户提供了一手信息。此外，遂昌县公安消防大队发布了一篇号外《参观消防站、科普教育馆可以直接微信预约啦》，文章详细介绍了预约的步骤，使用户能够快速掌握信息。

## 2. 重视用户互动，加强用户参与

### 2.1 策划线上线下活动，加强用户参与度

浙江新闻一直以来都十分重视拉近用户之间的距离，加强与用户之间的联系，通过策划一系列的线上线下活动，增加与用户之间的沟通和交流，提高用户的参与度，从而增强用户的体验感与黏合度。浙江新闻拥有专门的活动频道，并且也会定期策划举办一些活动，用户可以选择自己感

兴趣的活动进行体验和参与。

浙江新闻会策划一些有奖互动的活动，吸引用户的参与。例如，基于全球规模最大的环保公益运动"地球一小时"的契机，浙江新闻策划了"评论分享你的环保小技能，一起守护地球"的活动，用户在评论留言写下自己的环保技能和建议，然后客户端从中抽取 10 名幸运用户送奖品，既起到了环境保护的宣传效果，又满足了用户参与的愉悦感。除了通过评论抽奖之外，还有投票赢奖、打卡获奖、积分兑换等各种各样的有奖活动，让用户在参与中获得满足感。

此外，浙江新闻还策划了大量的线上线下活动，用户可以通过线上报名，在线下进行体验和参与，加强了线上与线下之间的联系。例如，浙江新闻发起了"浙跑团"的活动，并策划了"浙大校园马拉松"等一系列的线下活动，用户可以在客户端直接报名参与比赛，在活动结束之后，客户端也会收集后续的反馈，将部分用户的体验和参与感受公布，这一做法也会满足用户的存在感，增加用户的好感度，从而激发其参与的积极性。

### 2.2 构建问答讨论平台，增强与用户间的互动

在互联网时代，用户已经不再处于被动接受的地位，而是拥有极强的主动性。浙江新闻为增加用户的黏性，重视与用户之间的沟通与交流，加强与用户之间的互动，拉近与用户之间的交流，让用户发声，知用户之所想，听用户之所见，挖掘用户更多的潜力与价值。

浙江新闻打造了一个问答社区，让用户能够快速地解决在阅读新闻的

过程中产生的疑惑。例如,客户端策划了有问必答的"新闻当事人"栏目,用户可以针对某个新闻提出自己的疑惑,然后了解新闻的当事人、知情者及专业人士会进行答疑解惑。这一问答互动,不仅能够为用户在产生问题时提供了一个解决的平台,而且也能让用户感觉到自己被重视,从而感受到客户端的人性化,增加对客户端的好感度。

此外,浙江新闻还构建了一个公共讨论平台,将用户聚集在一起,提供给用户一个表达自身想法的平台。浙江新闻会选取一些热点的、有争议的话题,让用户表达自己的看法,让用户在讨论的过程中,无形中想要分享给更多人,倾听他们的看法。例如,"银行短信提醒费该不该交?你怎么看?"等,这些都是和人们日常生活息息相关的话题,用户也会更加自觉地参与讨论,发表自己的意见,寻求情感上的共鸣。

### 2.3 搭建用户社群,提高用户的黏性

社群互动是粘合用户之间联系的最有效的途径,同时也是聚合众多用户最有效的方式。以用户个性化、多维度的需求为出发点,浙江新闻玩转社群营销,为用户搭建了众多有特色的社群用户圈,从而在最大程度上调动了用户的活跃度,提高了用户的黏合度。

浙江新闻创建一些有特色、有吸引力的栏目,使得对此感兴趣的用户形成自己的社群,加强了用户与用户之间的交流与互动。例如,浙江新闻策划的"食城记"栏目,通过分享一些美食及美食的做法,另外还策划一些赠送美食的活动,吸引一些热爱美食的用户的注意力,构建了属于美食

发烧友的专属社群。同时，社群用户之间也会分享自己心目中的美食，在共同的爱好下聚集更多的用户。

另外，浙江新闻也会通过策划一些活动来聚集广大志同道合的朋友，让用户在参与活动的过程中搭建一个又一个的社群圈。例如，浙江新闻通过举办一系列的跑团活动，召集了很多的跑步爱好者，从而形成了"浙跑团"的跑步用户社群，"浙跑团"中的友人一起跑过了无数条道路，他们也会更加关注客户端发布的相关信息，这使得用户与客户端之间联系更加紧密。与此同时，这些已经在社群的用户会自觉地将社群分享到自己的朋友圈，拉入更多的兴趣爱好者，从而在无形中增加客户端的用户数量。

除了上述两大方面以外，浙江新闻还在版面设计上追求"少即是多"的设计理念，栏目布局大气美观，为用户提供了一个简洁的视觉效果，让其在体验上更加的自然、顺畅，用户看着舒服，在客户端上停留的时间便会自然而然的增加。

## 3. 结语

如今的互联网时代，有用户才有市场。光做到让用户使用是不够的，还要想办法让用户满意，让用户主动去分享，这才能拥有市场，发挥其存在的意义和价值。浙江新闻坚持用户至上，巧用互联网思维及用户思维打造自身产品，为用户提供有温度的服务，坚持本地化"新闻+服务"的模式，注重与用户的情感交流和行为互动。在浙江本地已初具口碑和影响力，不过，伴随着内容消费的不断升级，用户需求同样也持续变化。未来如何通过本地资源和内容优势进一步夯实用户群体、扩大影响力和引导力是浙江新闻值得思考的问题。

# 梨视频的产品定位方法论

熊诗倩

目前，人们依赖移动端获取资讯的程度越来越高，海量化、碎片化、即时性成为当下新闻资讯传播的主要特点，新闻的呈现方式也更加多元化。2016年短视频兴起，被看作是内容产业的下一个风口，2018年短视频的市场规模达到140.1亿元，年增长率达520.7%。近年来，无论是传统媒体还是新媒体，都将新闻资讯视频化作为一个重要的方向，传统媒体主要有新京报旗下的"我们视频"、上海广播电视台（SMG）推出的"看看新闻"，包括人民日报、新华社等主流媒体平台开设的短视频栏目等，互联网新媒体包括了梨视频、凤凰视频、澎湃视频、界面新闻的"箭厂"等。

2016年中旬梨视频成立，主打新闻资讯类短视频内容生产，短时间内就在各大平台形成了"刷屏"之势，同年11月梨视频正式上线。本文将基于3C分析法，从顾客（Customer）、竞争者（Competitor）、公司

（Corporation）三方面对梨视频的产品定位进行剖析，探讨产品突破的因素与面临的挑战。

## 1. 梨视频产品定位分析

3C 战略分析法由日本著名企业策略家大前研一提出，该理论认为，一个成功的发展战略有三个关键要素：公司自身（Corporation）、公司顾客（Customer）和竞争者（Competitor），只有充分整合发挥三者的优势，公司才能得到可持续发展。

### 1.1 面向顾客（Customer）——拍客与受众并行

（1）构建庞大的拍客体系。

新媒体的发展重构了新闻行业的传播方式，新闻报道不再第一时间由传统媒体发布，"人人皆可为记者"，普通人偶遇新闻拍摄的几张图片、一段视频，皆可作为新闻来源同时引发热点。个体的不断崛起使得传统新闻组织的内容生产不再具有唯一性，梨视频内容生产的特色在于其构建了庞大的内容生产网络，除了专业媒体机构生产的 PGC 内容，还囊括大量由拍客拍摄的 UGC 内容。目前，梨视频已建立了全球拍客体系，核心拍客达 7 万余人，遍布全球 520 个主要城市以及国内的 2000 余个区县，参与拍摄的拍客数量高达数百万。

梨视频以报酬收益激励拍客提供内容，拍客可通过自主拍摄，在平台上进行上传和发布，经审核后被采纳就有机会获得 50~500 元不等的基础稿费。以发布的短视频在梨视频平台取得的播放量为基准，梨视频每周对播放量高、影响力大的短视频作者予以额外现金奖励。对于梨视频来说，拍客不仅仅是新闻内容的生产者，更是平台的忠实用户。平台与拍客之间形成互助关系，拍客为平台获取优质资源以留住受众，并转化为一部分忠于平台的用户，平台为拍客提供拍摄帮助并给予报酬，以互惠共赢的方式留住用户，以提高APP本身的用户使用率。但拍客的数量毕竟是少数，要树立梨视频的品牌，扩大梨视频的影响，关键仍在于要留住受众，留住愿意用梨视频阅读新闻的人。

（2）受众过泛，缺乏平台忠实度。

2017年2月，整改后的梨视频提出内容由主要做时政热点、突发新闻转向"专注于年轻人的情感与生活"，将受众定位为年轻一代。梨视频的定位转型，本意是着眼于现今人们尤其是年轻人的阅读习惯，更倾向于以"短平快"的方式获取资讯，但实际收效甚微。这一转变意味着要减少资讯内容，增添趣味、搞笑的视频，以这方面来说，抖音、快手等娱乐类短视频平台早已拥有一批数量庞大的用户群体，也多是面向年轻一代，用户习惯已经培育成熟，很难再从中分流。根据艾瑞数据的统计显示，近一年以来，梨视频的月度独立设备数最高达23万台，而抖音仅一个月的设备数就已有36174万台，差距明显。

梨视频作为一个资讯类短视频平台，用户活跃度自然无法与纯娱乐化的抖音、快手之类的短视频平台相比，且用户定位不清晰还导致梨视频的内容有同质化的倾向。就不同年龄段的受众而言，新闻资讯并不是年轻人在移动端的首选功能，即使拥有相对较多的下载量，也很难提高用户的使用频率。

在梨视频设计之初，为提高品牌影响力，聚集粉丝，梨视频曾做过许多尝试，在众多社交平台开辟子栏目账号，如"冷面""时差""微辣"，在微博上打开了知名度，"梨"这一形象更是深入人心。人民日报、新华网等多家官方微博都曾转发梨视频的内容，并获得极高的点击量和转发量。一则由梨视频拍客拍摄的题为"为哄母亲开心，5旬大叔假扮病逝的妹妹，穿女装20载"的短视频在微博上一天内播放量突破4000万。这已不是梨视频第一次发布热点新闻，引发舆论热议，但流量虽高，却多集中微博等其他平台，无法转化为梨视频自身的流量和平台的下载量。有公开数据显示，目前梨视频日产1500条资讯短视频，每日全网播放量超10亿，主要依靠微博、微信的流量。微博视频作为移动视频的先行者，曾靠短视频业务实现营收的飞速增长，"用微博看短视频"也成为用户的习惯，想要从社交平台导流以实现商业转化十分困难。

梨视频的用户主要由拍客和受众两部分组成，其中拍客通过支付酬劳的方式对平台保有较高的黏性，属于较为固定的小部分用户。由于入驻其他平台导致受众分流，受众对于"梨视频"品牌的熟悉度很高，对于平台的忠实度却很低，受众的缺乏使现在的梨视频处境"尴尬"。在顾客层面，梨视频要用自有平台吸引用户、留住用户，以实现进一步的商业转化。

### 1.2 对比竞争者（Competitor）——不乏同类产品，差异化价值不明显

（1）同类产品的市场开发度分析。

用户的效用不仅取决于产品自身的质量，还很大程度上受同类产品的用户数量影响，梨视频作为一款内容聚合的短视频资讯类 APP，如今市面上也有大量的同类或较为类似的产品。将梨视频与其同类产品的市场开发度比较后可以发现，无论是总下载量、日均下载量还是 APP 的月活跃量，与今日头条、腾讯新闻等 APP 相比都有明显的差距。其原因不仅在于入驻社交平台导致受众分流，梨视频同时缺乏了不可替代性。在内容生产方面，凤凰视频作为传统媒体转型的产物，具有先天的内容与资源优势，报道体系完善；在用户基础方面，搜狐新闻、腾讯新闻在门户网站时期已积累一部分用户对于其的信赖，拥有较好的受众基础；在平台建设方面，以今日头条、趣头条为代表的资讯聚合、分发平台利用算法分发技术，精准地将个性化内容推荐到个体，实现了用户群体的爆发式增长梨视频在该市场竞争力较弱。

2018 年，中国移动资讯类 APP 的用户规模达 7 亿，就手机网民规模来说，用户规模趋于饱和，资讯类平台的发展将逐渐步入成熟阶段，如何在激烈的竞争中突围，梨视频需要找到自身与同类产品的差异化价值点所在。

（2）差异化价值点分析。

产品的差异化是塑造企业形象，树立品牌意识的重要方式，通过满足

细分市场的需求，用独特的定位使其形成区别于其他同类产品的个性化特征，从而在竞争中取得一定的优势。

梨视频与其他同类产品最显著的差异，在于内容的即时可信度，与大多平台"PGC"或"UGC"的内容生产模式不同，梨视频采用的是"PUGC"专业用户生产内容的模式。首先，聚集拍客对其进行专业重塑，寻找一部分较为专业的拍客群体（多为媒体从业者）作为核心拍客，依靠其新闻敏感度和新闻生产能力第一时间捕捉到高效的新闻资源，保证了新闻的可传播性和时效性，同时拍客的平民视角在短视频传播中更具现场感，易引发受众的共鸣与关注。其次，梨视频团队成员多为传统媒体出身，他们认为，想要保持内容的安全优质生产，就必须采用严格的内容审核制度。梨视频构建了200人的内容审核团队，坚持传统媒体的"三审制度"，对于拍客上传到APP的视频，先由分布在各个省份的区域主管加以审核，再由统筹部门负责，最后发给中央编辑中心三审。如若是涉及一些热点或敏感问题的"重点视频"，甚至会进行四审，以做好导向与价值观的风险把控。最后，梨视频可以在较短时间内生产出专业优质内容，同时保证质量与速度，是梨视频目前最大的竞争优势。

优质内容的生产或许可以赢得口碑，却很难赢得流量，然而新媒体发展过程中"劣币驱逐良币"的现象突显，口碑与流量的天平正逐渐向流量倾斜。就现在的形势来看，梨视频的差异化价值并未充分发挥出来。

### 1.3 公司自身（Company）——品牌定位、平台思维与盈利模式

（1）品牌定位：中国故事供应商。

梨视频总编辑李鑫曾表示，未来梨视频要成为"中国故事供应商"，这一品牌定位体现了梨视频的内容策略将更多地"讲故事"而非"播新闻"。在 APP 上可以清楚地发现，通过梨视频平台发布的短视频，多涉及民生热点、社会趣闻和人文娱乐，以正面内容为主。通过庞大的拍客网络体系，捕捉遍布于各地老百姓身边的正能量短视频，持续生产出海量爆款短视频内容。传统的正能量报道往往被定义为宣传、说教，叙事宏大，令人"敬而远之"，以短视频作为正能量报道的载体，既能增添报道的感染力和现场感，又能引发受众对于事实的反馈与思考。梨视频曾发布过一条名为《公交落水！"飞奔哥"开起吊车捞乘客》的短视频，视频中吊车司机用吊车及时救起一名落水乘客。这则不到一分钟的短视频一经发布，就引发了舆论关注，视频全网播放量过亿，网友笑称吊车司机为"吊车侠"产生深远的社会影响。

在艾媒咨询发布的《2018 中国短视频类 APP 内容绿色评分排行榜》中，梨视频居于前列，在行业内具有一定影响力。但也应该看到，单纯意义上的新媒体仅靠内容无法在市场竞争中掌握主动，甚至面临着随时被迭代的风险。

（2）平台思维：从做内容到做平台。

倚靠独家内容和推广造势，梨视频在短时间内获得了极高的曝光率。梨

视频靠内容起家，首轮公开融资就获得来自人民网、华人文化 1.67 亿人民币领投。2018 年 4 月，由腾讯领头，百度跟投，梨视频再获 6.17 亿元 A 轮融资。梨视频表示，完成 A 轮融资后，将继续建设资讯短视频内容生产网络，并进一步完善资讯短视频的商业模型。2016 年年末，梨视频的自建平台梨视频 APP 上线，逐渐由在社交媒体平台上做内容转变为做自己的资讯短视频平台，更多地着力于内容分发。在做法上，梨视频发起"中国短视频赋能计划"，不断进行渠道下沉，与各市县的传统媒体达成合作，对地方媒体的本地资讯进行视频化整合，扩大梨视频的用户覆盖面，形成"三公里咨询圈"。

(3) 盈利模式：原生广告+版权库。

随着移动互联网媒体的崛起，短视频营销成为广告主青睐的营销方式，对短视频的投放意向逐渐增强营销预算也逐渐增加。AdMaster 调研数据显示，2017—2018 年广告主对于移动视频、移动新闻的投入意向仅次于社交平台，短视频的商业价值已然突显。梨视频的主要盈利模式大致可分为广告收入和版权收入两部分，广告收入主要以原生广告营销的方式得以实现，据创始人邱兵预测，2019 年梨视频的广告收入将达到 3.5 亿元，收入与成本基本持平。但随着短视频广告市场的入局者不断增加，据统计短视频发展至今已有数以千计的产品投身其中，广告资源的抢占可谓愈演愈烈。想要完全依靠广告收入盈利，不确定因素太多，无法得到有效保证，加之梨视频在拍客体系与运营推广的成本已然不菲，目前的广告收入也只能填补成本支出。

梨视频的另一盈利模式是做内容销售，也就是卖短视频版权。近年来，短视频的版权问题一直是有关主管部门管控的重点，优质原创内容成为资讯类短视频平台争夺的重要资源，这对于注重原创的梨视频来说无疑是一大利好。在梨视频搭建的拍客体系规则中，拍客提交的素材一经梨视频使用或接受，其素材的所有知识产权及相关权利归属就由梨视频单方享有。梨视频已搭建了自身的版权交易系统——梨视频版权库，售卖 Logo 片与裸片两种形式的短视频。无论是组织机构和个体，若想要获取梨视频的独家内容都必须购买版权。长远来看，随着国家对于短视频版权管控的规则调整，版权收入将成为梨视频极其重要的收入来源。

除此之外，梨视频也在积极探索新的盈利模式——通过电商导流。这在某些头部短视频平台已很常见，与电商达成合作，用户通过动态短视频对商品的功效、外形等各项属性有所了解，再结合场景化的体验，以激发用户的购买欲望。2019 年 4 月 17 日，梨视频宣布与淘宝达成合作，推出"淘宝吃货"计划，以拍客体系为载体，发挥梨视频在内容创作上的优势，目的是为淘宝美食类商品"带货"。这是梨视频首次拥抱电商领域，也是其商业化的一次尝试。

## 2. 梨视频 APP 的应用前景

### 2.1 夯实用户基数

用户是平台的基础，目前梨视频最稀缺的就是用户群体，人们只知梨视频，却不用梨视频。要留住用户，应进一步明确梨视频的受众定位，细化受众群体，再做一些精准的推广营销。

### 2.2 把握内容优势

优质原创内容是梨视频最大的优势，无论是其版权销售还是品牌定位，都建立在这一基础之上。如今梨视频想要在传统媒体和商业媒体中突围，应利用拍客体系的天然优势，抢占社会新闻一线。正如梨视频目前所在做的，做好内容下沉和渠道下沉，深入到人们生活的角角落落去。

### 2.3 明确平台策略

梨视频 APP 的上线，表明了梨视频从做内容转向做平台的愿望，在平台上梨视频也尝试更多地进行内容分发和精准推荐，但似乎没有过多的进展，除了向平台引入更多的媒体提供资讯外，梨视频依然在做内容。未来梨视频可以尝试与更多的媒体平台、商业平台进行合作，通过互利共赢的方式壮大平台的影响力。

### 2.4 促进营销形式转型升级

版权销售是梨视频所不同于其他短视频平台的盈利模式，在国家政策支持的大背景下具有一定的可持续发展能力，从长远来看值得成为梨视频重要的盈利模式。同时，梨视频也在商业变现的模式上不断试错，拓宽服务渠道，以谋求更多样化的商业变现模式。

## 3. 结语

梨视频以专业内容生产为产品核心，以用户内容生产丰富产品内容和功能，以内容版权优势支撑产品盈利。自产品诞生至今，在口碑和营销方面有所突破，但梨视频由于产品形态和盈利模式较为单一，在白热化的互联网竞争中如不能基于自身产品定位快速迭代更新，将会面临严峻的市场考验和风险。在保持现有产品自身基因和内容优势的前提下，大胆突破、拓展商业边界，才能在视频新闻领域杀出重围。

# 搜狐新闻的产品设计逻辑

李俊杰

移动互联网改变了人们的生活和接触信息的方式，手机等移动终端的普及逐渐培养起用户新的阅读习惯，也催生了当下各类新闻资讯类平台的流行。根据艾媒咨询提供的《2017—2018中国手机新闻客户端市场研究报告》，截至2017年的第四季度，中国手机新闻客户端用户规模已达6.36亿，用户人数已经趋于饱和，2017年政府出台了行业相关规范政策，国家监管收紧，行业的准入门槛提高，行业发展更加规范，手机新闻客户端回归内容本身，随着平台建设回归新闻的本质，传统媒体类手机新闻客户端还有很大的上升空间。搜狐新闻APP以门户网站为依托，其功能主要是门户网站在手机移动平台上的发展和延伸，特点是内容丰富，互动性强。搜狐新闻注重与各类媒体的合作，其呈现内容由授权转载、原创报道和UGC组成。手机客户端的用户群体包含大部分门户网站持有的稳定的用户群，稳定性强，认可度高，并且搜狐新闻还支持用户的订阅，可满足不同用户的不同需求。

### 1. 搜狐新闻APP概述

搜狐新闻由搜狐公司出品，是一款为智能手机用户量身打造的"订阅+实时新闻"的新闻资讯类客户端。截至2019年6月10日，其安卓端用户总下载量为10.60亿次，搜狐新闻通过对优质的媒体资源、优秀的自媒体资源和资讯的聚合，做到图文报纸和视频资讯实时推送、有趣内容全覆盖，全天24小时不间断。此外，在内容资讯之外，搜狐新闻还与中国移动、中国电信、三星、诺基亚等电信运营商和手机硬件厂商合作，与这些巨头公司达成长期战略合作关系，尤其是和三星公司合作，推出定制版搜狐新闻，将搜狐新闻与手机的内置系统完美融合在一起，不仅提供了个性化的新闻内容，让用户自定义新闻界面，做到"我的新闻随我想要"，改变了现有APP和手机厂商的合作模式。

### 2. 搜狐新闻的市场现状阐述

根据艾媒咨询的数据，截至2017年第四季度，中国手机新闻客户端的用户规模已达6.36亿人次，用户同比增长率降为1.3%，每天71.3%的用户使用手机新闻客户端，其中有24.0%的用户每天达三次及以上。同期，搜狐新闻的活跃用户比为21.3%，排名第四。前三依次是今日头条50.1%、腾讯新闻 48.7%、网易新闻 31.6%。用户人均开启频次为 21.2 次，排名较靠后，排名第一的天天快报周人均打开次数是 174 次，今日头条和腾讯新闻排名第二和第三，周人均打开次数较为接近，分别是 153.9 次和 153.2 次。搜狐新闻有 59% 的用户在三线及以下城市，与天天快报和趣头条的受众较为接近。

### 3. 搜狐新闻内容产品现状阐述

搜狐新闻主打"搜狐新闻，准确可靠"。产品设计以内容为基点，板块设置较为全面。搜狐新闻率先推出自媒体订阅功能，将搜狐新闻的产品定位从一个资讯平台转换为全媒体的开放平台。搜狐新闻在用户初次使用产品时以标签选择的形式，鼓励用户点选自己感兴趣或者喜爱的内容标签，并自动提供相应的自媒体账号与用户匹配。在日常使用过程中，用户可随时随地刷新查看其订阅的内容。此外，搜狐新闻还开通了自媒体账号的申请业务，鼓励用户参与内容制作，大大拉低了自媒体的准入门槛。虽然网易也有专题订阅的功能，但它是基于阅读新闻专题而开设的。不同于网易的专题订阅，搜狐新闻的自媒体低门槛成了搜狐新闻优质 UGC 内容生产的助推器，不仅丰富了搜狐新闻的内容流量池，而且更好地贯彻了搜狐主张的高品质阅读方式，很好地储蓄了用户势能。

从内容版面层面看，搜狐新闻聚合媒体、自媒体、专题、微闻、直播、视频、组图等多种渠道，内容资讯丰富且不杂乱，完全开放的自媒体平台可源源不断地生产高质量的媒体内容。搜狐新闻的界面，由新闻、视频、狐友和我四个部分组成，界面简洁明了，操作简单，切换方便。同时，搜狐新闻还拥有海量独家刊物，这些独家刊物不同于自媒体或者新闻，它的内容是100%原创的，用户可以订阅和关注他们自己感兴趣的数字出版类刊物，接受它们的消息内容推送。

搜狐新闻的内容大多是以"左边图片，右边标题"的形式展现，在新闻资讯的下方标明评论数和新闻来源，当用户点击自己感兴趣的新闻链接时，还可订阅来源媒体、提供相关频道标签和其他相关联的新闻。搜狐新闻将评论分为热门评论和最新评论两部分。用户对其他人的评论、点赞、回复、复制、分享和添加评论的功能，除满足评论基本的盖楼、顶、分享等功能以外，还可以进行图片评论、语音评论，形式多样，体验丰富，从而提升了用户的参与感和互动性。基于社区生态的搭设，用户可互加好友、相互关注，与狐友分享新鲜资讯和内容，增强了用户对平台的忠诚度和黏性。搜狐新闻基于内容构建一个用户社交圈，用户的阅读行为并不是封闭单向的，阅读的感受和想法能与其他用户一起分享。搜狐新闻将阅读社交化，利用算法吸引用户、内容夯实用户、社交圈存留用户。

### 4. 搜狐新闻的产品定位

搜狐新闻作为中国最大的移动媒体平台之一，拥有广大的用户基数。同时，它还是率先用户过亿的新闻客户端，最早开辟了自媒体频道，其用户兼具受教育程度高、成熟度高、收入高等"三高"特性。搜狐新闻产品定位清晰，它的目标是打造一个资讯类全媒体的开放平台，换句话说，就是"移动新媒体"的聚合平台，开放的全媒体资讯平台是搜狐新闻的特色属性，满足用户个性化、视频化、社交化、本地化获取资讯的需求。搜狐新闻以内容资讯为核心，同时还利用订阅、直播、视频等形式多样的内容矩阵，使产品架构清晰明了，更加贴近用户阅读需求和习惯。产品的交互设计符合大众操作习惯，界面简洁，操作易上手，将产品体验做到极致，同时提供强大的技术支撑保证用户使用稳定。

现如今市场上的同类竞争品越来越倾向于借助热点事件吸引用户眼球，突进式发展路径并不适合搜狐新闻客户端，搜狐新闻最大的两个动力是"内容+算法"，利用这两个关键点，搜狐新闻稳步向前。搜狐新闻以阅读品质为导向，不断创新产品形态并持续迭代升级。通过数据积累、画像丰富、算法优化等技术更新，将推荐体系进一步细化，以满足不同用户的个性化需求；与此同时，搜狐新闻利用全媒体平台的优势继续夯实内容资讯，对推荐内容库进行了品质升级和信息的结构化，利用算法的精准推荐，为用户提供更加优质的阅读体验。

## 5. 搜狐新闻的算法设计

在互联网时代，信息的增长是指数级的，用户被淹没在巨大的信息洪流中，如何在海量的信息中快速有效地获取信息，基于大数据分析的算法推荐技术为其提供了解决方案。搜狐新闻的算法秉承着"呈现给你的，都是你所关心的"这一宗旨。凭借智能算法，搜狐新闻将用户最关心的资讯呈现在用户面前。

搜狐新闻客户端的内容更新，将更有助于培养用户的阅读习惯，力求在保持新闻流动感的同时，确保内容的高质量。凭借丰富的运营和管理经验再加上强势的品牌效力，搜狐新闻在移动客户端上的表现十分出色。利用算法吸引用户之后，搜狐新闻率先提出了搜狐号，搜狐新闻开通自媒体申请，利用意见领袖的入驻极大的丰富了搜狐新闻的内容。用户关注这些自媒体之后，获取阅读量，为广告主提供机会。

搜狐新闻算法具有双重特色：分发端通过大数据、算法优化等技术手段，使得精细化推荐更为完善和准确；内容池区别大多数平台先有数量再有质量的模式，构建品质和结构化的内容库，以品质为主导严格内容质量把控，保证内容的高品质。

## 6. 搜狐新闻的广告和运营模式设计

搜狐新闻的广告模式和其他的新闻资讯类产品有显著区别。PC时代，搜狐新闻和网易新闻的冠军大战很引人瞩目，但现在手机新闻客户端的市场已经被今日头条、腾讯新闻、百度、趣头条们所占据。国内新闻资讯客户端竞争日趋白热化，与大多数平台大量投入广告以谋商业变现的运作模式不同，搜狐新闻平台上的广告较少，这也是其为提升用户阅读体验，保证产品品质的克制之举。搜狐新闻有一个官方的广告集合体，给自媒体分发广告的技术条件很成熟。搜狐作为平台方开放技术和资源，采用与内容创作者广告分成的方式，选取高端品牌广告与其合作，保证广告质量和加持，从侧面为内容质量加持。同时，搜狐新闻通过后台广告点击率及转化率实时追踪广告投放效果，为广告商提供一条龙智能解决方案。

在运营层面，搜狐新闻邀请一线明星们为其代言，通过多渠道、多样化形式的广告投放来"霸屏"，以明星流量带动产品传播，起到了不错的市场效果。与传统的方式不同，过去的明星代言主要是找一位或几位一线明星，然后拍摄广告片并在媒体资源上循环播放，而搜狐这次不再只是请少数几个人，而是把拥有粉丝量最多的所有著名明星全请过来，同时利用自己的渠道、资源等的优势与其强强联合，进行全方位报道及宣传。这种集聚大量明星释放流量价值的方式，既提高了搜狐新闻的人气也提高了品牌曝光度。在投放渠道上，搜狐除了在自身平台内进行大范围的广告投放外，同期还在社交媒体上制造话题，与代言人的互动，利用粉丝效应引入用户资源。

搜狐新闻开辟个人明星专区汇集粉丝，借助明星影响力打造粉丝社区，从而提升用户的参与感和忠诚度。而对于代言人，量身定制的明星频道也可以使他们更便于同粉丝沟通、互动，利用搜狐新闻这个全媒体平台进一步增强明星的影响力。

通过一系列的广告及运营投入，搜狐新闻取得了较为不错的市场反应。根据搜狐的2018年财报的相关数据，搜狐新闻的日活用户数（DAU）增长超行业水平。作为信息的提供者和搬运工，搜狐更加注重用户体验感受，根据用户需求不断调整产品设计与功能创新。同时，不断根据用户需求的变迁优化算法技术，为用户提供更好的服务和体验，在"信息投放—运营消耗—体验验证"的全流程中完成对用户的主导闭环。

## 7. 结语

移动互联网时代，搜狐新闻不仅要提供优质内容产品，还应不断丰富各个栏目和垂直领域的内容。而评价产品好坏也不能只通过日活跃用户、增长率等数据，而是要全方位地考量产品，比如可以从平台所提供的内容的时效性、影响力、公信力、思想性、事件传播力、品牌口碑、产品体验等众多维度综合考虑。内容才是关系到新闻资讯类产品未来发展的核心要素，未来搜狐新闻应在深耕垂直领域，不断挖掘优质内容，以高品质内容为基点打造多元产品，满足用户个性化的需求，围绕用户需求不断完善升级其产品设计，持续调整产品功能和创意，力求以内容为牵引，设计为动力，始终坚持创新和发展，发挥资源优势着力打造产品。

# 一点资讯的点点优化

关灵妹

手机新闻客户端已经成为用户获取新闻的主要渠道。各种类型的移动新闻客户端层出不穷，这其中，有门户类移动新闻客户端，如网易、腾讯、搜狐；还有传统媒体类，如央视新闻、人民日报、新华社；还有一种利用新型算法进行分发的新闻客户端，比如今日头条、趣头条、一点资讯这种依托算法和大数据进行智能新闻推送的聚合资讯类移动客户端。

一点资讯是2013年由北京一点网聚科技有限公司推出的一款聚合资讯类客户端。一点资讯推出个性化的资讯订阅，通过用户选择的兴趣标签、浏览习惯和其他社交网络上的信息来分析计算，把握用户的兴趣方向，一点资讯2.0版本在上线后获得APP Store"免费APP精选"首位推荐，以及入选"优秀新APP"前三名。

## 1. 用户分析

### 1.1 用户属性

根据艾瑞数据在 2019 年 3 月提供的数据可以看出，一点资讯主体用户比较年轻，其中 25~30 岁的用户占比 29.53%，31~35 岁的用户占比 27.2%。从地域上看，广东用户占比最高，为 13.04%，其余大多为中部地区城市。

从极光大数据在 2019 年 2 月份发布的报告分析可得，在风格方面，一点资讯用户中二次元社交风格的用户占比最高为 85.39%，其次为文艺小清新风格偏好度较高；在兴趣爱好方面，音乐、旅游和美食占比较高，分别为 86.69%、54.62% 和 48.36%；在游戏方面，麻将棋牌以 23.99% 的占比位列第一。

在用户职业上，企业基层职员和自由职业者是一点资讯用户的两大主要身份，企业基层职员占比 22.7%，自由职业者占比达 16.5%；企业管理人员/经理/高管、机关/事业单位人员、离退休人员占比超过一成，分别是 11.9%、10.3%、10.1%；与其他综合新闻资讯 APP 相比，一点资讯用户在教师/医生/律师职业比例明显更高。

### 1.2 用户使用场景

根据极光大数据，晚间闲坐家中或睡前是使用一点资讯 APP 的首要场景用户占比高达 65.2%。此外，在工作间隙或节假日休闲时看新闻也是主要场景，占比分别为40.2%和36.2%。

## 2. 产品设计

### 2.1 战略层

个性化阅读时代已经到来，用户想看到的是自己喜欢的信息。随着数据挖掘技术的发展，资讯类APP可以通过算法挖掘用户兴趣，有针对性地推荐用户喜欢的、个性化的信息。

一点资讯是一款高度智能的新闻资讯应用，它将搜索和个性化推荐融合在自己的引擎之中，通过智能分析用户的兴趣爱好来推荐用户感兴趣的内容。和其他算法分发类新闻客户端不同的是，在面向用户的内容推荐上，一点资讯是以用户的"搜索"为线索来进行智能算法分配的，它认为用户的搜索动作是用户寻求信息的入口，而不是传统算法新闻客户端以用户的浏览内容为线索。

### 2.2 结构层

整体看来，一点资讯APP功能结构比较清晰，一目了然。含有"我""发现""小视频""视频""首页"5个一级页面，每个一级页面功能设置清晰用户可以通过一级页面快递找到符合自身需求的二级需求或深层需求。同时，产品界面切换方面，不需要操作门槛。

## 3. 界面设计分析

### 3.1 导航

一点资讯采用的是 Tabber 式导航，底部有 5 个标签，分别为"首页""视频""发现""小视频""我"。这种设计符合手机端用户的操作习惯，适合用户在不同 tab 之间切换，比较清晰，方便寻找。

但同时占用了一定的高度，使用户的阅读界面的面积减少，削弱阅读体验。Tabber 导航底部的 Tab（标签）最好为 4 个，受于屏幕宽度限制，功能入口过多不利于用户切换，也显得笨重。而且"视频"和"小视频"功能重复，可以进行精简。

### 3.2 颜色

一点资讯以红色和白色作为客户端主基调，主色是红色，在客户端顶部和底部导航栏的按钮使用，起到定调和点睛的作用。标准色使用白色，在顶部的搜索栏、内容背景和底部导航栏使用，当选中底部导航栏图标时则变成红色，这种视觉的差异性可以突出重点，起到强调和引导阅读的作用。并且在"我"中设置了"日间"和"夜间"模式，"夜间"模式会把所有白色部分转变成黑色。

需要注意的是：一点资讯整体颜色偏亮。根据极光大数据统计的一点资讯用户使用场景，大部分用户是选择在晚上使用的，偏暗一点的颜色会给人柔和的感觉，符合用户使用场景，直接调成黑色是非常突兀的。

### 3.3 信息的排布

在对移动端信息进行排布时，要掌握的是对齐、重复、亲密、对比四个原则。第一，一点资讯的新闻排布遵循了对齐原则，这是基于用户从左上至右下的阅读习惯，可以建立一种清晰精巧的外观。第二，一点资讯的新闻排列宽度不同，用户感兴趣的信息它会用更宽的信息条来体现，这样可以吸引用户的注意，在需要突出重点的时候就可以使用对比原则，如果想要用户更关注某一条消息，可以增加信息条的宽度。第三，一点资讯采用亲密性原则，把相关新闻排布得很近，增加了文本的可读性，这有助于减少混乱，为用户提供清晰的结构。第四，一点资讯在新闻的导读页面加上图片，增加易读性和设计感，可以吸引用户注意。

需要注意的是：一点资讯的图版率不高，并且选取图片的元素和色调较乱，和红色的题头放在一起，整个页面感觉不高雅，这是可以完善的地方。除此以外，一点资讯的信息排布比较紧密，没有留白，所有的分类栏，新闻信息都满满地堆砌在首页，特别是顶部的分类栏，给用户一种页面非常狭小的感觉，带来强烈的压迫感和混乱感。适当地增加留白，不要把所有元素堆砌在首页，能使页面的空间感更强，减轻页面的压迫感，给用户带来更好的体验。

### 3.4 页面浏览方式

一点资讯采用的是页面无限滚动的方式，即用户可以通过无限的向下滚动来一直浏览页面内容。它的4个导航"首页""视频""小视频"

"发现"采用的都是这种刷新方式,当用户没有寻找特定的新闻信息时,这种方式是非常吸引用户的,而且滚动刷新对移动设备更友好,操作更快、更容易。

需要注意的是一点资讯的访问是没有终点的,用户无法记录当前的浏览位置。影响页面信息,用户无限向下滚动,加载内容过多会造成页面性能降低。可以增加收藏或者书签功能,以便于页面保存。

## 4. 功能设计

### 4.1 个性化订阅

一点资讯的自定义频道非常灵活,用户可以对"我的频道"进行自定义编辑,将喜欢的标签添加到首页频道栏上,还可以进行排序。除此之外,用户还可以自定义添加任何感兴趣的频道,在"添加频道"下方的搜索框中输入任意关键词进行订阅,做到个性化推荐。

如何做到更精准的个性化推荐始终是一个问题。一点资讯是根据用户的订阅标签来推荐信息,但是用户有时会将自己不感兴趣的标签也进行订阅,这会导致推送信息非常复杂,使用户感兴趣的信息和一般信息混合在一起。如何解决用户能订阅的就是其感兴趣的信息,并且给用户提供的是符合其兴趣的信息,是需要解决的问题。

### 4.2 视频与小视频功能

视频新闻为一点资讯一级导航,而且具备视频分类、订阅及搜索功能，同时在首页中也穿插着视频新闻。其中，一点资讯的特色之一是设置了"小视频"一级导航。和视频新闻不同，视频新闻重点是在新闻，时长更长且具备新闻要素。小视频功能模仿了近年来极其火爆的短视频模式，采用瀑布流布局，用户可以浏览小视频作品，也可以拍摄身边事物上传，时长不超过一分钟，它借鉴了抖音等短视频 APP 的许多功能，可以用手指滑动无限滚动播放，双击点赞，拍摄功能还具备美颜、滤镜要素。

视频相比文字会在短时内传递更多的信息，并且利用人们的碎片化阅读习惯，小视频具有更广阔的传播空间。由于用户对短视频的需求更强烈，一点资讯增加的小视频功能，可以增加用户黏性，集展示、传播、交流于一体。用户可以互相关注主页。但是，这种完全仿照短视频 APP 的模式与一点资讯作为新闻客户端的行业定位是否相符有待考证，用户很可能完全沉浸短视频浏览中，忽略了新闻信息。

### 4.3 精准屏蔽

一点资讯的特点是个性化推荐，那也必然要有用户筛选功能。一点资讯在改版前采用的是在新闻标题下方放一个三角形的图标，这让它的作用不明显，许多用户不知道这一图标有什么作用。在改版之后，一点资讯采取的是在新闻标题下面放一个叉形图标，这样的改变让筛选功能更加明显．而且筛选理由比较详细，有常用理由"旧闻、重复""内容质量差"和"不感兴趣"，还可以屏蔽新闻源和新闻发生地以及新闻类型"亲情""爱情等"。除此之外，它还可以对广告进行精准屏蔽，屏蔽理由有"和我不相关""看过了""广告质量差""不感兴趣",还可以屏蔽广告来源。每一条新闻和广告都可以进行自由筛选,做到精准屏蔽。

### 4.4 一点号

一点资讯最大的特色就是"一点号","一点号"可以被关注,与今日头条的"头条号"非常相似。它是通过第三方应用的入驻来生产发布信息,各类媒体、自媒体、政府机构、企业和名人明星都可以入驻,让他们在移动端获得更多曝光和关注,同时实现内容变现和商业收益。在一点资讯官网可以申请一点号,有"普通入驻"和"邀约入驻"两种,并且需要提供证明材料。申请了应用账号之后就可以发布文字、图片、视频等内容,并且将内容智能分发给读者。另外,一点号支持用户将其他平台的文章同步,但是,在降低门槛的同时,内容的同质性泛滥也成为问题。为了解决这个问题,一点号的分发机制现在是以文章质量为基础的,原创文章或原创视频经过审查之后,质量越高的就越会被推荐。

### 4.5 热门搜索与主题广场功能

从首页顶端搜索栏进入二级界面,会出现热门搜索排行和主题广场两个小功能。热门搜索对全网的热点进行实时更新,与微博热搜不同的是,一点资讯的热搜只有10条,但是它对热搜关键词的内容形式进行了细分,随意点进一条热搜,会出现"综合""视频""小视频""图集"和"一点号"这样的分类,用户不仅可以随意选择观看的形式,还可以关注相关的一点号。另一个功能是主题广场,主题广场是视频和小视频的集锦,也是 10 条信息，可以进行订阅和分享。主题广场是对趣味视频进行的分类，如有"热播好剧集锦""超有趣的脑洞试验"等。

在资讯类客户端"热搜"是一种非常新颖的功能，用户可以知道最近全网都在关注什么内容，给无目的浏览的用户提供方向。

### 4.6 发现功能

一级导航的发现功能与热搜功能有一定的相似之处，在"推荐"里有 13 个话题分类，如"运动健身""情感""健康养生"等，点进这些话题会有更细致的分类，以"运动健身"为例，它的二级页面又分为"瘦肚子""瘦腿""练腹肌"等种类细分，有各种文章和视频供用户观看。用户可以对这 13 个分类进行关注，可以在"推荐"旁的"我的"分类里找到自己关注的内容。如果没有特定的浏览对象，"发现"功能里还设置了"大家都在找"和"搜索"功能，"大家都在找"和热搜界面十分相似，也是 10 条信息。并且在"推荐"里，一点资讯根据用户的关注和浏览情况给用户推荐相关内容。

### 4.7 搜索功能

一点资讯的特点之一是无处不在的搜索功能，把用户对内容的需求放在第一位。一级导航"首页""视频"和"发现"的顶部都具有搜索功能，方便用户检索观看。除此之外，在"首页"的频道订阅栏中，用户也可以搜索自己感兴趣的频道并添加。"视频"导航中也是如此，用户不仅可以直接搜索想看的视频类型，还可以搜索频道。

虽然遍布的搜索功能让用户搜集信息变得非常方便，但是，过多的搜索入口让一点资讯的功能界面变得烦琐，影响了用户体验感。一点资讯可以对搜索功能进行精简，让界面变得更清晰。

## 5. 结语

一点资讯是在科技发展、人们对个性化信息的需求逐渐提高的情况下应运而生的，通过对它的界面及功能设计的分析发现，一点资讯在搜索、推荐、个性化订阅、智能分发方面具有独特优势。一点资讯的核心技术——兴趣引擎，通过用户搜索、用户订阅、用户筛选、内容深度分析、机器学习等技术，从庞大的媒体库中抓取用户需要的新闻，真正以用户需求为中心。但是，在产品的设计上，它还有许多不足。界面设计方面，颜色搭配不当，最重要的是信息架构不太合理，搜索功能键过多，订阅栏目全部堆砌在客户端顶部，影响用户体验。功能设计方面，产品细节不到位没有过硬的原创栏目，虽然有技术支撑，但对于品牌建设是一个瓶颈。一点资讯具有团队、技术、资源方面的优势，如果对产品细节、信息架构进行优化，一定会更有竞争力。

# 网易新闻的"金币"模式

段雨彤

本次实践探索,通过频繁接触与使用网易新闻客户端,全面了解了网易新闻客户端的基本运营模式,并对它的用户积分体系进行了深入的探究,重点分析典型功能"金币商城"。从新闻资讯类客户端的用户积分体系的探索上升到对互联网产品的用户积分体系的探究,为未来更好的用户积分体系的诞生提供一些参考意见。

## 1. "摸底"网易新闻客户端

网易新闻客户端(以下简称网易新闻)是一款从门户网站转向移动互联网端的综合性新闻资讯类 APP,它的核心功能是为用户提供新闻资讯,涉及的内容领域较为广泛。

网易新闻是 2011 年上线的,它的前身是网易,属于杭州网易有限公司。内容包括:新闻、财经、科技、体育、娱乐等多个板块类别,先后推出了盖楼跟帖、投票、新闻直播、视频新鲜事、要闻推送等功能与栏目，在2016年推出了网易号，鼓励用户做自媒体生产内容，并对其优质内容创作开辟奖励制度。除此之外，2014年网易新闻推出了"推荐"小标签页，开始做个性化推荐，现在更是利用大数据技术对新闻内容进行精准的推荐，为每一个用户量身打造个性化的阅读场景，提升用户的阅读体验。

从网易新闻初创以来的发展历程可见，几次更改客户端的主要功能，都紧随发展趋势在追求新闻资讯质量的同时，还不断深耕用户体验方面的研究，以此及时地对客户端版本更新与改进。虽然大多数情况下的功能创新都面临着风险，如过度重视话题、投票等会给用户主次不分的观感，导致部分黏度用户忠诚度下降。但通过不断试错，才能不断探索出企业新的发展方向。

一个客户端的历史版本变迁，受时代的影响与选择。例如，在2018年直播答题炙手可热，以"冲顶大会"为代表，用户可以参与答题闯关，评分现金奖励。网易新闻客户端也紧跟这样的大趋势，将答题活动也加入到了当年的版本中，同样收获了一部分用户，但是2018年后，这股答题的热潮逐渐消弭，因此，在2019年的版本中也就取消了这一版块。很多时候我们可以看到一种趋势：用户更喜欢低理解成本、低门槛、丰富多彩的内容。

在今天这样的大数据环境与互联网生态环境中，大浪淘沙，如何承受住市场的考验，对于一款新闻类客户端来说至关重要。用互联网思维来看，有三个关键词，分别是用户、产品和口碑。网易新闻如何抓住用户，如何使自己变成能让用户满意的产品，如何诱发、调动、引爆和吸纳用户情绪，是当下的一个比较重要、关于"根"的问题。网易新闻对于用户的管理有着一套自己的体系。下文将对该 APP 的用户积分体系做一个比较全面的分析。

## 2. "数说"网易新闻客户端

### 2.1 市场排名情况

艾瑞数据，2019 年 3 月新闻资讯行业 APP 月独立设备使用规模统计显示，网易新闻在 2019 年 2 月的独立设备数达 10568 万台，仅次于腾讯新闻、今日头条、新浪新闻，排名第四。

以 iOS12 系统为例，通过比较酷传的数据，可以看出，网易新闻在免费新闻资讯中一直名列前茅。

同时，网易新闻 APP 在安卓系统的下载量也相当可观，其中主要以华为、OPPO 手机为主。这两款手机是我国的国产手机，因此受众数量尤为多。

### 2.2 用户画像

根据艾瑞咨询的数据可知，首先，网易新闻的用户男女性别比例约为 13:7，多为男性；其次，用户的年龄主要集中于 25~35 岁之间，再者，24

岁及以下的年轻用户也占比较大；最后，用户的聚集地主要集中在一、二线城市。

通过网易新闻的用户画像描绘，分析得出用户普遍在本科学历，因而这部分人群具有一定的知识素养，日常对于新闻资讯类的需求较为迫切。同时，这部分人群碎片化时间较多，日常使用手机等移动设备接触新闻资讯的情况较为普遍。除此之外，男性用户本身对于时政、体育类的新闻资讯比女性更加感兴趣，这也解释了为什么用户的性别占比差距明显。女性用户对娱乐、生活类的资讯更感兴趣，对新闻的时效性要求不高。对于年轻的用户来讲，网易新闻提供了一个接触外界信息的窗口，而且网易新闻的跟帖盖楼的形式符合当下年轻人的交流方式，年轻人喜欢跟帖，或者浏览大家的帖子。

## 3. 用户积分体系

### 3.1 最新版本的用户积分体系详解

网易新闻是较早建立起用户积分体系和活动广场的新闻资讯类APP，在移动资讯领域也具有影响力。下面将选择苹果系统的版本，对其现行的用户积分体系进行一个全面的详解。以2019年3月27日更新的54.6版本为例。

在目前对用户积分制度比较完备的版本中，网易新闻主要采用了以下三种方式建立用户积分体系。

第一种，以用户经验为主的形式。网易新闻系统根据每位用户的跟帖、顶帖数量，自动为用户评设了等级，从低到高，随着用户经验值的不断累积，自动从一开始的跟帖局科员到副科长、科长、副处长、处长、副局长、副书记、局长再到书记、长老和元老，记录了用户在平台中的成长历程。这种荣誉奖励的形式能够提升用户的活跃度和参与感。

此外，用户还能获得勋章，网易颁发给优秀用户的荣誉奖章作为荣誉标识出现在个人主页、跟帖区、评论区等位置，还能激活相应的特权和奖励。想要获取荣誉徽章，用户就需要进入"讲讲"栏目，给喜欢的"讲讲"动态点赞、评论，现有"赞不绝口""高谈阔论""一枝独秀"三类勋章，并且分别又分了金、银、铜三个等级。

第二种，获得金币的形式。在菜单"我的"界面内设置了"金币商城"，金币商城内，用户不仅能够通过签到获得每日的奖励，累计签到7天还能养成一只羊驼，羊驼可以开宝箱抽奖。每周期第6天签到成功，还能获得"网易新闻VIP会员"7天特权等用户激励模式。用金币替代积分，用金币兑换来激励用户，增强用户对平台黏性。

同时，完成每日的任务也能获得一定的金币奖励，而且可以直接用获得的金币进行兑换一些实物福利，还能用金币参加"限时抢兑""花金币抽奖手机""兑换购物卡""金币夺宝"等活动。除此之外，用户还能将获得的金币捐赠到"阅读公益"。

第三种，最直白的用户积分体系。用户可以申请成为网易号，这既能让用户自己生产内容，也鼓励用户进行原创，网易新闻设立了网易号指数和星级积分体系。

综上所述，网易新闻在用户积分体系的建立上是比较多元化的，形式也比较多样。最主要的方式就是不断地尝试设立多种奖励，包括物质上的（金币兑换、抽奖等）和精神上的（等级、荣誉勋章等），去迎合用户的实际需求，并且以此来激励用户使用用户积分系统，在一定程度上也留住了一些深度用户。

### 3.2 用 PEST 宏观环境的分析法看用户积分体系

网易新闻客户端的用户在一线城市和 iOS 用户中的渗透率比较高，相比而言三四线城市的渗透率较低。加之，2019 年年初发布了《县级融媒体中心建设规范》，将我国媒体的视线引导到了三四线城市，在这些地方人口基数庞大，媒体发展空间潜力大。但是，这些地区的经济环境尚未完全开发，因此需要制定新的规则和标准。目前在产品开发层面，主要缺乏优秀的产品和拥有互联网产品思维的产品经理人，能做到马上行动与产品实现。

因此，网易新闻客户端可以考虑抓住三四线城市的用户，为他们打造或者内测一款具有独特竞争力的新闻资讯类 APP。

### 3.3 同类竞品的用户积分体系分析

腾讯新闻和网易新闻客户端都是从门户网站转型而来的产物，因此在竞品分析时，将把腾讯新闻客户端作为首个分析对象，又结合榜单选择了后起之秀的新兴新闻资讯平台趣头条 APP 作为分析对象。

网易新闻的用户在同月总量上少于其他两款 APP，但是增幅较其他两款更加稳定（见下表）。

表　网易新闻、腾讯新闻、趣头条 APP 用户积分体系对比表

| 名称<br>用户积分体系 | 积分获得方式 | 积分兑换方式 | 积分展现形式或变体 | 激励方式 | 其他说明 |
| --- | --- | --- | --- | --- | --- |
| 网易新闻 APP | 签到，金币任务，阅读新闻、观看视频、跟帖、分享、首次绑定手机 | 金币抽奖、低价购、金币兑换实物 | 金币商城、等级、星级积分 | 勋章等级，连续签到免费抽奖 | 金币可捐赠阅读公益 |
| 腾讯新闻 APP | 点赞、关注话题、用户、发表评论 | 积分抽奖、实物及虚拟产品兑换 | 积分中心 | 邀请好友的红包,好友助力拿礼品,红包可提现 | 奖品兑换选择面较少 |
| 趣头条 APP | 签到，新会员送，邀请好友送，时段奖励，开宝箱奖励，分享到微信群赚金币，邀请码获得 | 抽奖,体现 | 金币 | 邀请好友,分享到群,金币奖励可提现 | 主要通过用户滚雪球般的方式进行用户推荐,并获得金币奖励,金币快速提现诱惑 |

相比之下，网易新闻 APP 的用户积分体系更加的丰富，形式多样，社群化趋势比较明显，更加有态度，而不只是为了赚钱而吸引和管理用户，更加在乎的是用户的阅读体验。

## 4. 结语

从上文对网易新闻客户端的探究及与它类似的竞品分析中可以看出，网易新闻的用户积分体系是比较丰富的，有很多值得同类产品学习和借鉴的地方。最后从6个角度进行总结。

其一，用户的积分体系要保证用户的可获得性和实用性。分别体现在对积分的放置要在一个大家都有共识或者熟知的地方，易找到，减少用户的学习成本。同时，积分的获取方式也应该简单、易懂、可操作。

其二，关于用户积分体系的积分设置形式是可多样化的，任务、积分、金币、点券等，比如网易新闻的"金币商城"，澎湃新闻APP的"海贝商城"，可以结合本客户端的特色进行相应的设计与变通，让它不仅变得更加吸引用户，而且能成为一个标志性的东西。

其三，要关注用户的使用体验，获取积分的方式要尽可能地不令人厌烦，兑换的方式要尽可能地从用户的角度去准备，同时可考虑结合自身的已有渠道建立合作平台。

其四，如何将"使用产品到感到满意或者主动分享，再到新用户下载并使用产品"这一流程以一个令人舒适的方式运行下去，是值得我们思考的地方。

其五，完善用户积分兑换的虚拟权益。可以根据不同类别的特征，设置相应的兑换奖励。例如，内容类的可以兑换一些付费内容的会员体验，游戏类的可以兑换游戏道具，社区类的可以有会员等级、荣誉称号，电商、金融类的可以有优惠券、代金券等。

其六，还要为用户兑换的实物奖品能够提供有保障的物流及售后。

对于网易新闻现行的用户积分体系最简便的改进方案，就是适当调整金币商城的兑换物品及保证兑换商品的质量。此外，还可以考虑尝试将用户积分体系与社群化运营结合起来，提升用户对产品的黏性。

# 细说微博用户成长激励机制

刘笑扬

用户成长激励机制是为了对用户成长过程进行尺度界定,通过不同规则引导用户行为,提升用户活跃度和参与度而建立的规则体系。本文主要从微博等级、微博会员、阳光信用、微博认证、微博积分乐园五个角度进行分析。

## 1. 微博等级

微博等级是用户活跃度和荣誉的见证。随着用户在微博上的探索和成长,等级随之增长。微博等级由用户累计的经验值决定,每天只需完成任务即可获取经验值,提升等级。

### 1.1 规则的设定

基础任务:

(1) 连续登录微博的经验奖励规则。

①登录，第一天获得 1 个经验值。

②连续登录，第 2 天获得 2 个经验值。

③连续登录，第 3 天获得 3 个经验值。

④连续登录，第 4 天获得 4 个经验值。

⑤连续登录，第 5 天获得 5 个经验值。

⑥连续登录第 6 天开始，每天能获得 5 个经验值，一旦中断就要从 1 经验值开始。

(2) 原创或转发微博的经验值规则。

原创或转发成功一条微博，即可获得 5 经验值。（每天上限 10 经验值）。此外，发微博奖励统计范围包括微博官方客户端、网页版、WAP 和触屏版。

成长任务：根据用户个人所处等级阶段的不同，提示不同的任务要求。但升级过程有一项必要任务，即必须根据不同等级实现与一定数量的其他用户互粉。

此外，成长任务其他形式则包括微博账户资料的完善及对微博平台开放权限等方面进行规则设定。例如，用户可以通过对微博开放读取通讯录权限获得 10 经验值；通过完善四项基础个人资料获取 10 经验值。

每次升级都可获得抽取相应等级专享奖品的机会，如 iPhone、微单、自拍神器等。

设定微博等级排行榜，一键分享晒等级。其中微博等级排行榜包括：

全站总榜，互粉好友榜，我关注的人，荣誉殿堂。

### 1.2 微博等级规则设定的意义

（1）微博等级排行的设定意在满足用户的"竞争、荣誉"心理，类似于腾讯 QQ 号等级展示中，用户会有等级越高、资历越高、可信度越高的心理。

（2）通过用户日常的积分积累活动，增加平台流量、增强用户黏性；

（3）互关、启用查找通讯录好友功能的设定意在增强用户间互动，打造用户关系网。

（4）通过原创或转发内容积分奖励，旨在增加平台内容，拓宽信息维度。

（5）通过抽奖等活动引发用户热情升级。

（6）微博等级成长任务中，对不同等级的用户规则设置存在弹性，为商业化内容的引入提供了入口。

### 1.3 微博等级设定的反思

微博等级规则的设定层次结构明晰，但在吸引力与刺激强度上却力度不够。微博等级的展示页面不够直观，需要通过进入"个人主页界面"之后，点击"更多基本资料"才能找到"微博等级"一栏，对于有"竞争"心理进行积分升级的用户来说，不能满足其直观展示等级的"荣誉感"；进行积分任务活动的操作界面较为"隐蔽"，需要点击进入"个人设置"页面之后，滑动至底部才能找到"微博等级"的任务栏，操作步骤不够简洁，增加用户使用成本；此外，微博等级的分层奖励不够明确、不够丰富，只有一个"升级抽奖"的活动，对用户、特别是高级别用户的物质刺激不足，因此，微博等级功能的使用者更多可能局限在草根用户的层面，难以勾起高阶用户的热情。对微博等级显示及操作界面的优化，针对不同用户群体开发不同的差异奖励，激励方式多样化，应成为微博等级规则完善的着力点。

## 2. 微博会员

微博会员作为一种微博用户的特殊身份象征，享有更丰富的特权功能和服务，享有的特权主要分为四大类：装扮特权、身份特权、功能特权、手机特权，共达35项具体特权。

### 2.1 会员成长及特权规则

微博会员等级分为7级，每个等级需要的相应成长值及成长值组成。

对于装扮特权（包括卡片背景、专属模板、动态模板、自动换装、自定义封面图、自定义红包背景）、身份特权（包括专属标识、排名靠前、专属客服、优先推荐、会员月报、粉丝头条折扣、专属昵称、直播升级加速）、手机特权（包括微博红名、生日提醒、自定义封面图、足迹红名、客户端专属主题、超话补签卡）分类下的会员专享功能来说，级别之间并无差异，如享有自动换装、自定义封面图、专属标识、微博红名等功能，从VIP1到VIP7会员之间都可享有。功能特权（包括会员举报跟踪、微博置顶、屏蔽用户、后悔药、微盘空间、关注上限提高、悄悄关注、等级加速、分组成员上限提高、屏蔽来源、屏蔽关键词、自定义来源、读书特权、昵称修改）中的部分具体特权则根据不同等级设定了一定的差异，如 VIP1 会员享有 100G 的微盘空间，而 VIP4 会员享有 300G 微盘空间；VIP1 会员分组成员上限为 500，VIP4 会员分组成员上限为 1000。

### 2.2 会员规则设定的意义

会员等级是一种特殊的微博等级设定，会员标识与专属功能将普通用户与会员用户区分开来。

一方面，会员标识成为用户的一种身份象征，便于满足用户的"虚荣心"；另一方面，会员的专属特权设定，满足用户的部分个性化需求。此外，对会员进行分级，则进一步激励有需要的用户进行会员积分累计，实现更多特权功能的满足。

会员的设定在满足用户需求的同时，为微博提供了新的流量变现方式，并对会员用户数据的整理和分析、有助于微博精准把握平台中消费群体的用户画像，从而为平台其他商业活动提供参考。

### 2.3 微博会员设定的效果与反思

微博会员的用户主要为网络粉丝量较多的明星、网红、KOL 或通过在微博活动能获取利益的用户，对普通用户的吸引力有限。腾讯 QQ 虽然与微博的属性定位不同，但与 QQ 平台针对自身定位属性而制定的会员激励机制对比，可发现微博平台的问题并找到完善思路。

QQ 对不同等级会员所享有的特权做出了明显的划分，如从 VIP1 到 VIP7 会员所享受的加速增长速度都有不同；针对满足用户个性化身份的"荣誉需求"，QQ 设立了"成长与身份"类别的特权——等级加速、红色昵称、会员群图标等；针对平台中用户与好友间的互动活动，设立了"好友与群"类别的特权——好友特别关心、好友克隆、好友上线提醒、会员群特权等；针对平台中用户间的互动内容，设立了"装扮与个性"分类的特权——会员专享的超级表情、会员炫彩字体、视频美化、QQ 皮肤特权等；针对会员的平台消费活动，设立了"会员折扣与优惠"特权——靓号抵用券、充值 Q 点、Q 币 9.1 折起、动漫特权、阅读特权；针对用户在线离线状态及文件传输设立了"离线与同步"特权——VIP 邮箱特权、网络相册、文件中转站、离线传文件、云消息服务等；针对用户账号安全及优化体验设立了"安全与其他"类别的特权——手机锁定 QQ 号码、过滤广告、体贴登录提醒等。QQ 会员的成长激励机制主要是围绕 QQ 的社交属性制定，层次较为清晰，结构较为完善。QQ 作为社交平台，用户具有互动性、个人展示性、信息交互性及围绕账号安全和便捷功能服务具有用户体验性，QQ 会员激励机制正是从这些特性出发，进行业务开发，使会员功能具有优于普通用户的体验性，实现了可观的流量变现。

会员特权的设定应当立足于平台的媒介属性进行定位、分类，对比

QQ平台会员的规则设定，微博会员特权的设置定位不够明确，结构有待完善。首先，微博对会员和非会员的功能设定并未做到明显区隔，不同会员等级之间的功能差异不明显；其次，微博会员的激励体系没有对微博的媒体性进行深度挖掘，以至于许多会员专属功能并不能触达用户的根本需求，成为无用的"花架子"，也就难以培养用户对平台服务和内容付费的习惯。内容和用户是平台的支撑资源，微博平台具有内容广泛性、受众分众化、多样化、互动性等特点，没有对这两大要素——内容、用户相关的服务进行深度挖掘，使会员与非会员之间体验性缺乏区分度，会员群体的集体荣誉感难以形成，影响会员市场的进一步商业化开发，成为微博会员市场效益疲软的一大原因。因此针对一系列问题，微博应该充分利用用户数据资源，进行数据深度解析，形成较为清晰的用户画像，从用户需求出发进行会员成长体系的构建和完善，从而培养、激励用户付费行为，实现用户在微博平台的商业价值。

### 3. 阳光信用

微博信用积分制的诞生，旨在净化网络环境，规定用户的活动范畴和底线，对违反平台规定的活动及言论，如发布谣言，诽谤他人、发动网络暴力等行为进行惩戒，如扣除一定信用积分，对账号进行限制活动，通过打造用户身份的一种衡量尺度实现用户行为的引导。

### 3.1 规则设定

阳光信用满分设定为 900 分，其中 300 分为基础分。主要从五个维度对用户行为进行考量分析——内容贡献、身份特征、信用历史、社交关系、消费偏好。

(1) 内容贡献，主要根据用户的微博使用频次，内容创作量，以及其他用户的反馈数据分析得出，通过全平台用户该项分值的分布情况计算得出。对于影响力较大的用户主要对其内容的传播力进行评估，而对影响力较弱的用户主要对传播内容的数量进行分析。

(2) 身份特征，主要对用户一系列个人信息，如用户教育情况、职业信息等个人资料的真实情况进行考量，其中重点考量用户的身份证、手机号、微博身份认证等实名信息。

(3) 信用历史，主要考察用户在平台上的言论情况——言论是否健康、言论历史。平台认定用户发言的初始项为满分，此后根据用户言论活动进行增减，如用户发布不良信息或被举报后，则按不同程度进行扣分处理。

(4) 社交关系，平台依据用户的社交网络进行可信度考量，如通过互粉好友中有较多信用良好、实名的用户，平台则倾向于认定该用户可信度较高。

(5) 消费偏好，通过对平台中用户的消费倾向进行分析，从而推断出用户参与并融入微博生活的程度。

## 3.2 阳光信用规则的意义

从阳光信用所设定的五个用户考量维度分析，对用户内容贡献的考量，便于激发用户的内容生成热情，特别是将其他用户对发布内容的反馈作为考量因素，利于激发用户潜在的"受关注、受欢迎"心理，为了提升自己的影响力，用户倾向于高频率出内容且生成优质内容，同时因为有了衡量信用的标志，引导用户约束自身言论活动，遵守法律和平台的规则，加上对于违反规则的惩处实现平台环境的自我净化；身份认证的设定一方面便于平台评估用户身份的可信度，另一方面更加精准地掌握了用户画像，便于推广精准定位服务；信用历史的规则设定意味着用户的发言会被平台记录在案，信用情况不好，平台活动将会受到限制，从而激励用户约束自身行为和言论；从用户消费偏好考量用户融入微博生活的程度，利于分析出用户潜在消费需求，同时针对用户消费倾向进行有目标的激励和刺激。

## 3.3 阳光信用规则的反思

阳光信用激励体系的设定虽然从多角度对平台环境、用户质量、信息传递质量进行了引导和规范，但明显存在的问题是该体系对用户所产生的"规范性"缺乏监管力度，平台对信用这个概念的传播力度不强，不够深入人心，一方面用户可能对违反规则产生的负影响不在意，另一方面用户没有充分体验到高信用分数所带来的"优待"，因此难以形成强动力去争取高评分。针对这些问题，微博平台或许可以从"正向刺激"和"反向刺激"两个角度入手进行多样性规则、活动的开发，如对于信用良好的用户，给予更醒目的"信任度高"的标识，增加其发布内容在平台发布的权重，信用良好的用户进行微博消费活动时给予更大力度的优惠折扣；对于违反社区规则，发表不当言论的行为按照不同程度可以进行用户微博主页显示惩罚处理，降低权重，一定时间内限流等措施。

## 4. 微博认证

微博身份认证从几个不同的角度为用户身份塑造高辨识度，主要包括：身份认证、兴趣认证、自媒体认证、金V认证、超话认证、故事红人认证、新鲜事认证。

### 4.1 微博认证的规则

身份认证，是加V认证的基本认证内容，主要是对个人用户真实身份的确认，具体规则包括申请条件（清晰头像、绑定手机、关注数≥50、粉丝数≥50、互粉橙V好友≥2）和认证特权（微博认证标识，Page特权、粉丝服务站、官方推荐）。此外的兴趣认证、自媒体认证等则从用户生成内容的分类、质量、影响力、形式等方面进行了规则确定，以形成相应领域的特定身份。

### 4.2 微博认证的意义

通过对满足相应条件的用户进行相应领域认证，便于满足用户对"意见领袖或精英"身份的精神需求，推动加V用户影响力的发展，进而推动优质内容的传播；同时，也便于用户准确找到关心领域的权威人士、可靠人士或机构，从而满足自己在微博平台的信息或互动需求。

### 4.3 微博认证的反思

微博认证的规则，多从"量"上进行界定，如粉丝量、阅读量等，而忽视了内容的"质"，因此可能被一些蹭流量的用户抓住漏洞，使得微博认证用户的质量添加了水分。对此，微博应加强对用户内容生成质量的把控，尤其是内容生成类的认证用户，需要提高准入标准。

## 5.微博积分乐园

微博积分乐园可以说是对微博等级激励机制的一个完善和补充，由于微博等级对平台用户成长激励作用甚微，推出积分乐园进行用户行为激励。积分乐园规则设定，形成了刺激用户进行平台期望活动的动因及积分出口。

### 5.1 积分乐园规则设定

赚积分的途径：通过早起打卡1次，微博会员支付，关注，评论，转发微博，微博钱包福利签到，种草活动进行积分的积累；此外，加入了积分PK比赛，微博游戏等环节，通过比赛、游戏赢积分、对微博内特定话题竞猜活动等游戏环节，所得积分不定。

花积分的方式：兑红包提现（每1000积分可兑换1元，每次兑换收取200积分手续费），微博游戏消耗积分，微博竞猜消耗积分，奖品抽奖。

消耗积分的数额不定。

### 5.2 积分乐园规则设定的意义

积分乐园从用户行为培养出发进行了规则的设计，将积分的获取与"关注、转发、评论"等用户关键行为进行链接，便于增强用户的活跃度、提升用户黏性；通过积分奖励进行的各种游戏活动，在增强平台娱乐性、满足用户消遣心理的同时，又使用户得到了物质激励；通过将积分与用户在微博的消费活动绑定（如首次开通会员赠送10000积分活动），为微博产品做推广的同时，无形中培养用户的付费习惯；在赚取积分的环节与其他企业合作，实现异业联盟，为平台增加了多维度商业利益。

### 5.3 积分乐园规则的反思

积分乐园的推出极大地完善了微博等级用户成长的激励不足现象，但仍存在一些不足，如积分乐园界面过于隐蔽，需要点入"微信钱包"后才能找到"积分栏"，容易被用户忽视；此外，积分商城商品较少，且中奖用户少、中间名单传播力不足，容易降低用户的参与兴趣。因此应从优化界面，丰富奖品入手对积分乐园进行完善，此外，借鉴积分与用户关键行为链接的操作，微博可以多维度推广"积分绑定××"，如鼓励对微博环境的净化，可以推出举报谣言、不良信息等奖励积分；鼓励原创精品内容，可以推出与内容反馈人数、影响力相对应的积分奖励等。

## 6. 结语

微博用户的激励机制较多，且部分不同体系之间存在交叉，部分功能没有切入用户痛点，难以吸引用户。在大数据时代，用户群体庞大的微博掌握着大量用户数据。只有充分利用数据资源，深挖用户需求以完善平台规则，才能为微博平台带来更多的发展机遇。

# 惠头条的"吸金"大法

刘天洪

如今,市面上的新闻资讯类 APP 发展迅速,数量不断上升,从 2016 年开始,各人新闻资讯类 APP 层出不穷,各大巨头抢占先机。2016 年下半年,惠头条一出现便吸引了众多用户的目光,其日活更是到了千万量级。在三四五六线城市,惠头条成为这些城市的目标人群获取资讯的重要来源,同时也占据了他们获取资讯的时间。

惠头条是一款新闻资讯类 APP 平台,平台内有大量新闻资讯、视频及由算法推荐为用户提供的定制推送服务,为用户提供线上阅读。惠头条在 2016 年 9 月正式上线,其主打新闻类资讯,内容丰富有趣,不断为用户推送国际新闻、热点、本地新闻等。

惠头条发展迅速,其用户规模呈爆炸式的增长。中国经济发展升级,城镇化进程加剧,二线以下的下沉城市庞大的人口,潜力巨大的市场和低廉的流量,成为惠头条用户定位的重点。在这其中惠头条构建出一套属于自己的用户激励体系。本文将深度剖析惠头条建立的用户激励机制。

用户激励机制，是指在互联网产品的整个运营时期里，运营商为了增加用户对产品的使用黏性、忠诚度，以及用户对产品的了解，结合产品自身而设立的运营机制。在互联网产品迭出不穷的今天，用户不可能对一个产品始终忠诚，如果产品运营商不能在其产品功能、内容、用户体验上给他们带来新的感受，用户迟早会抛弃该产品！互联网用户对于产品的使用具有一定程度的时间范围。在互联网发展早期，这个时间范围更大，甚至有可能达到5~6年的时间，但随着互联网的快速发展，许多互联网产品都是一闪而过，用户对这些平台的关注度越来越低，可能半年就没有新鲜感了。

建立用户激励体系可以提高用户对产品的活跃度，满足用户的部分情感需求，以及增加用户对APP的使用黏性。与此同时，激励机制还可以引导用户去分享他的使用成果，这些都有助于树立平台和产品的良好形象，以及吸引新的用户注册使用产品、刺激新用户消费等。

## 1. 惠头条的用户激励机制分析

惠头条的激励机制主要是通过阅读新闻资讯、邀请好友、观看视频等得到金币奖励，这些金币可以在惠头条上兑换成人民币。1万金币可以兑换人民币1块钱。用户可以用微信和支付宝直接提现，提现时间快速，并且没有限制。用户在尝到快速提现成功的"甜头"后，便会立刻信任惠头条，这也证明了惠头条确实是可以挣钱的。在以前，许多互联网产品也会利用红包来诱导用户，并且最终实现注册转化，但是有的红包可能都是虚拟的，如优惠券之类的，用于兑现的营销方法，没有门槛的红包提现，并不常见。从惠头条当前的运营情况来看，这种运营模式还是比较成功的。

### 1.1 社区金融系统

（1）新用户注册送红包。

惠头条定位于一款能挣钱的新闻资讯类 APP，阅读新闻赚取收益，其广告宣传为 2 亿人都在用的返现头条。通过真实的现金奖励快速地吸引了一大批用户，并利用分享激励任务，促使用户在微信等社交平台上进行宣传，为用户数量增长打下了良好的基础。惠头条通过 10000 金币（即 1 元）的注册奖励吸引用户进行下载注册，用 1 块钱就带来了一个新用户注册，其注册方法为：下载惠头条 APP——打开 APP——注册——点击领取金币——引导完成其他激励任务。

（2）邀请好友得红包。

在最开始的时候，惠头条利用"邀请赚钱"的方法拉新用户，这是一种裂变的方式，它使惠头条成功获得了第一批用户。惠头条用 5 元红包奖励来吸引用户邀请好友注册，但是红包奖励是分步奖励，好友填写用户的邀请码两人各获得 1 元，好友每天阅读累计 280 金币时，用户和好友分别获得 0.5 元，同理，第三天 1 元，第四天 2.5 元，除此之外，用户第一次邀请好友注册可以获得额外奖励 2 元。利用"邀请赚钱"的模式，已是大多数平台运营时的惯用方法了，并且这是一种非常普遍的增长战略。通过"邀请赚钱"获得了大批用户，惠头条和其他大多数平台证明了这种方法是可行的。

与一般的邀请新用户赚钱模式不同，惠头条主要是定位在二线以下城市用户的熟人朋友圈，通过熟人邀请促进用户数量的增加。这种方法可以使每个用户都有可能成为外部运营者的角色，并且是以低成本的方式产生裂变传播。因此，这种邀请模式可以使新用户放心注册并成为惠头条的忠实用户。

在好友赚钱的同时，用户也可以得到收益。当好友每获得阅读奖励100金币时，用户自己还能收到奖励30金币。与此同时，成功唤醒一个好友还可以获得额外奖励金币。使用"邀请神器"邀请，无须填写邀请码。用户和好友还能额外获得1~99元的红包奖励。用户邀请的好友越多，其收益也就越多。其唤醒功能不仅可以让用户获得金币，也可以让短时间内离开的用户回归平台。

惠头条凭着这种裂变的模式，获取了部分二线以下城市的目标用户，而在部分人群中，以中低消费者为主，网赚模式对他们具有强大的吸引力。通过微信等社交平台，这些用户自发地成为惠头条的宣传者，并且为了奖励积极地唤醒惠头条的沉睡用户。利用师徒模式把用户吸引进来，用户每天使用App赚取收益可以使他们保持活跃度，对于普通用户来说付出的只是时间，但却能赚到钱。对于大部分二三四线城市的用户来说，对于时间成本的概念，他们并不是特别在意，利用时间换取金钱，对他们来说是可行的。

### 1.2 用户任务系统

惠头条的用户任务系统主要有签到任务、走路赚钱、锁屏赚钱、新手任务、进阶任务、日常任务。

（1）签到任务。

在大多数的互联网产品中都有签到功能，签到任务被绝大多数运营商认为是提高产品活跃度的有效方法。签到任务是 7 天为一个完整的周期，一般第 7 天的金币数量最多，如果用户 7 天连续不间断地签到，那么就可以得到第 7 天的最高奖励。当用户进入奖励任务页面时，系统会自动签到，获得相应的金币奖励。设置签到不仅能为新老用户提供福利，还可刺激用户的登录行为，从而提高产品的日活，提升用户忠诚度。签到后，惠头条提示用户后续待完成的奖励任务，并及时公布任务完成进度及奖励情况，增强了用户的参与感和满足感。

（2）走路赚钱。

用户每日完成任务系统的规定步数，即可领取奖励。但要完成规定阶梯步数后，立即进入激励任务页面领取奖励，否则奖励便会失效。每天 0 点到 23 点 59 分为计步时间，次日 0 点清零重计。用户如需通过此项任务获取更多金币，就必须在相应的步数范围内进入 APP 领取金币。"走路赚钱"可以在一定程度上保证用户的活跃度。

(3) 锁屏赚钱。

当锁屏阅读开启后，手机锁屏状态下就可以查看资讯，不需要再进入惠头条内，同样是阅读得金币的玩法。

(4) 新手任务。

新手任务大多数都是一次性的激励任务，完成任务就可以获得金币奖励，主要有首次邀请、绑定手机号、绑定微信、提现 1 元等任务。这些任务可以有效地提升新用户的活跃度，帮助平台了解新用户，使新用户与平台有更深的联系与信任。

(5) 进阶任务。

进阶任务主要包括打开推荐应用领金币、阅读推送新闻领金币、支付宝红包最高可得 99 元、关注惠头条公众号、看小说赚金币、玩转新闻领金币、玩转新闻送金币等 13 项任务。

阅读任务，每个新闻资讯的阅读页面上都有一个红色圆圈进度条，提醒你当你每阅读新闻 30 秒就可以获得金币。当你在同一天阅读新闻超过 60 分钟时，你将会获得 800 金币的奖励。

玩转新闻领金币，是从任务栏进入任意阅读 60 秒，就能获得金币，但仅限于阅读娱乐资讯。玩转新闻领金币是从任务栏进入任意阅读文章 3 篇或观看广告 60 秒，即可获得金币奖励。

阅读推送新闻领金币，当用户的手机收到惠头条的推送文章时，点开阅读就可以领取金币奖励；看小说赚金币，从惠头条的相关入口点击进入惠读书 APP，阅读小说即可领取金币。通过激励机制引流到其他平台，使多个平台共享一份流量。

进阶任务项是任务最多的一项，其中有几个任务看似重叠，其方式不一样，但它们的目的都是为增加用户的黏性。例如，玩转新闻领金币、玩转新闻送金币、玩转阅读赚金币、玩转阅读送金币，这几种任务都是阅读新闻获取金币，但方式略有差异，其差异在于次数和时长。

(6) 日常任务。

日常任务在惠头条的奖励任务系统中，包含了 6 项任务，是一个非常庞大而系统的金币奖励系统，分为邀请好友、微信群邀请、阅读资讯五分钟、观看视频五分钟、打开手淘挑选推荐商品、打开优酷 APP 领取金币任务。

观看视频五分钟，奖励方式跟看新闻奖励方式相同。每个视频页面上都有一个红色圆圈进度条，进度条转满一圈，即可获得金币奖励。用户每观看视频 30 秒便可获得相应金币；每次观看超过 5 分钟可获取额外奖励；当用户一天内观看视频超过 60 分钟时，即可获得额外 800 金币的奖励。

阅读资讯 5 分钟是阅读资讯超过 5 分钟，可获得的额外奖励。

打开手淘挑选推选视频，从惠头条的相关入口点击进入手机淘宝 APP，挑选视频即可领取金币；打开优酷 APP 领取金币，从惠头条的相关入口点击进入优酷 APP，观看视频即可领取金币；打开手淘挑选推选视频、打开优酷 APP 领取金币，均是通过激励机制为广告商引流。

## 2. 惠头条和趣头条的用户激励机制的对比分析

惠头条和趣头条的用户定位都是三四线甚至更小的城市，都建立起了一套适合自身平台的激励系统，用户可以通过微信等社交软件邀请身边的人下载注册，用户和好友都可以获得金币奖励。

两个 APP 平台的激励机制的最大不同在于趣头条设立了用户等级体系，趣头条设立了 10 个用户等级，晋级方式为用户在趣头条内阅读和签到所产生的经验值，随着用户经验值的增加，用户的等级也随之上升。从用户的层面上看，等级上升可解锁相应权益，提升用户的成就感和荣誉感。从平台的层面上看，等级的划分教育用户遵循预设的路径使用产品，促进用户活跃和留存。另外，它还可以帮助区分用户，寻找核心价值用户。例如，Lv6 等级需要连续 8 天登录阅读达到 40 分钟，达到此等级的用户已对平台有一定的忠诚度，需要平台方维护。

等级身份以勋章为标志，没有获得勋章的颜色为灰色，已经获得勋章的颜色为突出亮色，这在很大程度上可以刺激用户的心理，想要去实现点亮没有奖牌的愿望，可以提高用户黏度和对 APP 的忠诚度。分阶段的优势是，用户不会觉得目标是遥不可及的，并会为了晋级而不断保持产品使用。这符合马斯洛需求理论的第四层次，当用户得到勋章或者奖牌被点亮时，用户就会得到满足，觉得他的努力被认可了。趣头条设置等级权益就是为了刺激用户能够更多地登录和阅读，对于一个新闻资讯类平台来说，这也恰好是趣头条用户活跃和留存的主要原因。

### 3. 惠头条的激励体系存在的问题及措施

#### 3.1 激励任务繁多，影响用户体验

惠头条的激励任务有 22 项，还不包括新手任务的一次性任务中的 5 项任务，激励任务繁多，而且有些任务过于重复，如玩转新闻领金币、玩转新闻送金币、玩转阅读阅赚金币、玩转阅读送金币，这几种任务都是阅读新闻获取金币，只是次数和时长上略有差异。任务繁多和重复在某些程度上会影响用户体验。对于用户来说，激励机制的使用规则越简单，用户就越容易完成激励任务。但是层次太多，规则太复杂，用户很容易就会失去耐心和动力。因此可精简激励任务栏，把几项任务合为一项。

#### 3.2 疑似"传销模式"，内容低质量

目前，阅读新闻赚金币的同类型 APP 暂时还是身处灰色地段，对于"收徒"的获利模式，许多专家学者怀疑与"传销"模式相似，认为其中存在着许多利益线，APP 用户的阅读、点击等行为被定价，大多数同类型的平台内容"搬运"，新闻资讯内容低质量。在短时间内，利用"邀请赚钱"的模式的确为平台带来了大量用户，促进平台用户数量的大幅度增长，也给平台带来了流量。但是，舍弃内容做新闻并不是平台的长期发展战略，如何留住花钱揽来的顾客，这也是平台需要深思的问题。首先，相关部门的监管尤为重要。为了更好地促进行业的发展，有关部门必须要发

挥作用，制定健全的相关法律制度，对于非法传播的产业链进行严厉打击，有必要协调有关监管部门，明确违法内容范围，对一些红包诱导用户、"收徒"获利等举动做出判定，是否符合相关规定，为APP平台、内容作者和其用户都会产生强有力的制约。

其次，平台要注重内容创作。平台的虚假推广已成为低质量甚至低俗内容的来源。相比于细究推广最好是专注于构建自己的内容，并提供对用户来说重要的、及时和高质量的内容，而不是转发无关紧要的低级谣言。"现金激励"方式并不是一个长期的解决方案，平台的内容应是王道，产品要打造好自身的良好生态系统。

## 4. 结语

作为一个新闻资讯类APP，平台必须在运营过程中监控新闻内容的质量，不要一味地追求金钱收入而传播劣质内容，应该提升平台整体素养，做正能量内容的传播者。

# 网易新闻的"质量""流量"双螺旋

蔡倬逸

网易新闻客户端作为在移动互联网时代较早崛起的传统门户网站客户端之一,从一开始的广告语"做有态度的新闻"到 2017 年 5 月 15 日将品牌口号改为"各有态度",凸显了网易新闻客户端正在迎合互联网社交媒体个性化、差异化、年轻化的趋势,把以往的特色功能"跟帖盖楼"延续到移动端产品上,希望用符合用户需求的用户评价体系来塑造多元意见的舆论场域,从而提高用户黏性,抢占年轻人市场。本文将从产品、市场两方面重点剖析网易新闻的用户评价体系,并针对目前网易新闻评论区"开闸放水、泥沙俱下"情况提出,如何在继续获取流量不影响商业利益的前提下提高用户评价质量的相关思考及发展建议。

## 1. 产品概述

网易新闻客户端是由网易公司开发的一款移动新闻资讯类 APP,内容涵盖财经、科技、娱乐、体育等多个资讯类别，目前用户还可以编辑选择标签定制自己的栏目。自 2011 年上线以来，先后推出"跟帖盖楼""直播""订阅""问吧"等功能，在移动新闻资讯类领域始终保持领先地位。软件已经覆盖 iOS、Android、Symbian、WP 四大主流平台。据酷传和七麦数据统计，截至 2019 年 4 月 29 日，Android 端总下载量为 26 亿；iOS 端综合评分 4.6、实时排名中在新闻类别排名第 12。网易新闻客户端的特色功能是方便的"跟帖"功能，培养了一大批用户的阅读习惯，获得了强黏性的用户群。

### 1.1 "跟帖"功能历史优化升级全记录

网易新闻客户端在多次版本更新中不断优化"跟帖"功能，在 2015 年 8 月 11 日版本 5.3 中，增加了跟帖标签功能，即昵称下显示地域名称，以此增加区域群体认同感；在 2016 年 6 月 1 日版本 10.0 中优化了跟帖回复即时提醒，2016 年 9 月 6 日版本 15.0 上线"跟帖提醒"功能，让用户绝不错过一条回复，以此增加用户使用黏度；2017 年 7 月 31 日版本 26.0 中增加了"跟帖用户定向拉黑"功能，将广告、推销、骚扰贴拉黑，进一步提高用户使用体验；2017 年 9 月 11 日版本 18.0 中评论面板增加了表情包模块，迎合表情包大热年，激发用户参与讨论热情；2018 年 6 月 13 日版本 37.2 中，在全球世界杯狂潮下，网易新闻客户端增加了世界杯频道，并邀请了百位专家进行犀利点评，这是网易新闻第一次在舆论中心设置主持人角色，引导用户发言；2019 年 3 月 4 日版本 53 中优化跟帖详情页分类，让内容展示更加清晰；2019 年 3 月 22 日版本 54.5 中，增加了跟帖详情页的内容分发数量，并且设计精彩跟帖也能出现在头条栏目中，这一次改版目的是让用户多生产高质量评论；2019 年 4 月 27 日版本 55.1 中对"跟帖"功能各方面进行了细节升级，是网易新闻对营造融洽讨论氛围所做出的努力。

从上述的历史版本更新对于"跟帖"功能的优化纪录过程中，可以看出网易新闻客户端在瞬息万变的网络舆论大环境下的快速反应，努力将"跟帖"这一特色功能在其他竞品争先模仿下发挥自己的独特优势。尽管如此，在知乎、应用商店等关于网易新闻评论区的用户评价中，不少用户依然反映了对网易新闻逐渐"今日头条化"的失望，并对以往独具吸引力的评论区目前充斥了大量低质的言论表示了担忧。

### 1.2 产品定位：不跟帖无新闻，营造各有态度的舆论场

首先，产品定位的确立要确定网易公司开发新闻客户端的产品目标，以及盈利方式。网易公司开发新闻客户端的最主要目的是盈利，除此之外，还有完善整个网易大生态和抢占社交舆论阵地的考量。盈利方式主要来源于广告，通过用户在网易新闻客户端上浏览新闻就可以获取点击率，从而可以依靠足够的点击率与广告投放方谈判，用户活跃度越高广告价格越高。前期网易新闻客户端为了积累客户资源，并没有加入过多广告影响用户体验，发展至今在拥有了大批忠实用户后，目前在网易新闻客户端上，每 4 条左右信息后就会有一条广告，这间接证明了网易新闻客户端是

可盈利的，不过广告过多也引起老用户不满。

其次，产品定位的确立还要以增加竞争力为前提。目前市面上的新闻客户端有4种类型：第一种，传统媒体做的新闻客户端，代表APP有人民日报、新华社等，主要优势是原创新闻与政府资源；第二种，传统媒体与新媒体做的新尝试，代表APP有澎湃新闻、界面新闻等，主要优势是针砭时弊的新闻观点；第三种，以今日头条、一点资讯为代表的APP，不做原创，内容来自对各媒体发布新闻的海量转载，强调兴趣和算法；第四种，传统门户网站做的客户端，代表APP有网易、腾讯、搜狐，自己不生产新闻，从各媒体中获取新闻并进行再编辑。网易新闻作为非新闻科班出身的新闻APP，在新闻内容上是外行，所以会用一些内容之外的技术来突出自己的鲜明个性，从而掩饰新闻质量上的不足并成为四大门户所做的新闻客户端中最具鲜明个性的一个。

综上所述，网易新闻客户端将自己定位为：巧用用户评价体系并将其落实到社群文化中，最终塑造多元意见表达的舆论场以此获取流量达到盈利目的。最新口号是"网易新闻，各有态度"。

### 1.3 用户评价体系分析

用户评价体系是利用用户针对使用过的产品或服务进行的回应，提供给其他用户作为参考，帮助其下决断。网易新闻客户端的最重要产品目标是盈利，盈利需要靠获取流量转换而实现，而最易产生流量的场域就是矛盾与冲突，因此，网易新闻客户端所建立的用户评价体系，是利用用户的表达欲，制造一个自由开放且十分适合进行意见交锋的舆论场域。

网易新闻客户端的评价入口设置为 5 个：其一，所有推送的文章或视频都设置评论功能，评论栏固定在手机显示页面，可以随看随评，符合人们阅读习惯，用户体验感较好，且所有用户评论会被公开显示在文章下方，被分类为热门跟帖及最新跟帖；其二，每篇文章右上角都有提示窗口"××人参与跟帖"，点击即可直接进入评论区进行讨论；其三，用户可以对评论区下的每条评论进行"回复""分享""复制"操作，点击"更多"还可以进入隐藏菜单选择"收藏""不赞同""举报"，将反面评论设计在下拉隐藏菜单可能是网易新闻客户端考虑到用户"怕麻烦""对不熟悉的功能不使用"的使用习惯，这说明网易新闻是鼓励大家进行跟帖盖楼意见交锋，而不是一键式匿名举报；其四，一级页面下方功能栏设有"讲讲"栏目，集中了各种热门话题，用户可以点进话题参与讨论；其五，一级页面上方功能栏设有"直播"栏目，用户可以在观看视频时发送评论，评论会出现在"聊天"区域并且以弹幕的形式实时出现在直播视频中，所有直播都可以进行回放，且回放视频下方保留了评论区，用户可以翻阅之前的评论并进行后续评论。并且，网易新闻的用户评价体系和用户积分体系是相关联的，每评论一次可以获得 10 金币，积累至一定金币数即可在商城兑换各种商品，或是积累至 1000 金币可以向乡村儿童捐一本图书。

总体来看，网易新闻客户端通过各种方式，激发用户参与评论讨论，所建立的用户评价体系并不是像一般的用户评价体系一样，其目的是引导其他用户或是为其他用户提供参考，而是将多种观点都呈现出来，设计各种细节有意在评论区制造各种争议点，以此来打造更多用户各抒己见甚至针锋相对的情景，打造一个多元意见的舆论场。

## 2. 基于SWOT模型下的市场分析

### 2.1 优势："跟帖文化"始祖

网易在四大门户网站中最早做新闻客户端，且依靠对新媒体时代个性化、差异化、年轻化的特点把握，第一时间戳中年轻人痛点，衍生出"跟帖文化"，抢占市场。网易新闻作为传统门户网站虽然没有传统机构媒体的采编发等稀缺资源，做不了原创内容。但如果仍扮演传统机构媒体角色，采取传统内容分发模式，即将传统媒体的文章进行编辑加工形成"有态度"的新闻，还是无法在同类产品中获得强有力的竞争力。网易新闻客户端瞄准了伴随着中国互联网发展有强烈表达欲望的年轻人市场，精准获悉他们对于"跟帖""留言""评论""转发""点赞"，目前还出现了"打赏"乐此不疲，因此，由网易发端的"跟帖文化"成了辨识度最高的媒介产品。

网易新闻产品总监王腾飞在2018年网易传媒年度发布会上对网易新闻"跟帖文化"进行了总结与评价。他认为这种文化更能激发用户表达，更重要的是产品形态可以被复制，但是"跟帖文化"下已经培养出的用户习惯与黏性是其他任何竞品不能抄袭的，这需要长年累月的积累与经营。

网易新闻"跟帖"自2003年上线以来，这10多年里伴随着"跟帖文化"创造了诸多流行语，目前网易新闻的日均跟帖条数已经超过400万，依然保持着令人难以置信的用户活跃度。

### 2.2 劣势：评论区"开闸放水、泥沙俱下"

由于每一款产品背后都有着不同的商业逻辑，因此会采取不同的用户评价体系设计，上文分析了网易新闻客户端的产品目标就是获得流量从而转化为利润，所以在评论体系的设计上，客户端对于用户评论是直接展现没有特别导向，并且不会对用户评论进行把关，甚至有一些设计细节是在鼓励用户在评论区里进行争论。长此以往，在互联网中媒介素养良莠不齐且具有匿名身份的用户，会躲在屏幕后面大放厥词，这导致网易新闻客户端的评论区充斥了大量不良言论。

目前，不少用户表达了对此现象的不满，在知乎一条关于"什么新闻客户端最好用"的回答中，有一位用户在2014年推荐了网易新闻并表示原因是喜欢网易新闻的评论区，该条回答底下挤满了反对之声，尤其体现在2018年、2019年的回复之中。其中有一条这样写道"2018年的今天来看，这简直是个天大的讽刺"。这说明，从盈利角度来看，为了获取流量，网易新闻的用户评价也需要做些改变。

### 2.3 机会：长尾用户需要多元意见表达场域

移动互联网内容生产在新媒体的冲击下，发生了翻天覆地的变化，以自媒体为代表的新媒体打破了传统媒体的内容垄断，将内容生产与消费的门槛降低，在整个传播链"内容生产——分发——阅读——交互——传播"中，除了"分发"以外剩下4项用户都可以主导操作，并越来越有以用户为中心的趋势。再加上用户消费路径是"看见——搜索——抵达"，除了实用性强的生活必需品以外，稍微有一点重要的东西，用户一定会搜索一下其他用户的评价，尤其在意普通用户的评价。由此可见，普通用户的评价权重可能越来越高于KOL，而普通人没有像意见领袖那样"有一定影响力""在某一领域有建树""消息灵通"等限制，只要有一个可以自由表达自己情感诉求和满足社交互动的场域即可。

网易新闻的聪明之处在于清楚自己的定位，传统媒体的新闻应用有自己的政治使命，今日头条类的新闻应用有自己的算法技术优势，而作为一个以商业利润为最终目的的应用，网易在传播主流价值观、凝聚社会共识的基础上，还尊重多元意见和思潮的表达。打造多元意见交锋或融合的舆论场域，是看准了有着表达需求和渴望个性化差异化的年轻人市场。尤其目前市场红利还在，用户对移动互联网的依赖越来越强，QuestMobile2019年3月发布的数据显示，用户每天在移动互联网上的时间同比增长半小时左右，其中细分类别使用时长中"综合资讯"与"即时通讯"位列前三，这说明将新闻资讯类应用赋予社交化是极具市场价值，且网易新闻建立的用户评价体系，使用户每天"抢沙发"、发帖、等待跟帖中户牢牢被掌握在网易新闻客户端中。

### 2.4 威胁：同类产品竞争

随着科学技术的进步，网易新闻面对的竞争也越来越严峻，尤其是在今日头条等近几年依靠算法推荐崛起的新闻资讯类应用的冲击下，网易新闻长期依赖并引以为傲的用户评价体系是否还可以使网易新闻在新闻应用中脱颖而出？并且不少竞品也纷纷模仿网易新闻的用户评价体系企图拷贝"跟帖文化"，应用间甚至会互相搬运评论，来造假评论数量，使评论区虚假繁荣以此来吸引用户留存以及第三方入驻。

七麦数据 2019 年 5 月 3 日 iOS 端新闻类免费榜显示新浪排名第 5，腾讯排名第 6，网易新闻排名第 11，搜狐排名第 20。从竞争趋势来看，四大门户网站的新闻客户端均未进入榜单前三名，前三名始终被今日头条与 UC 占领，新浪新闻与腾讯新闻则一直前后角逐，这种情况说明了目前算法类新闻 APP 依然博得头筹，而网易新闻已经退出前十，无力与其进行抗争。

## 3. 发展建议：制定鼓励性质规则，营造正能量氛围

网易新闻的用户评价体系已经成熟，并由此获得了固定的用户群体，但从近几年下载量降低、国家管制等方面都可以看出，只关注流量而忽略质量的时代一去不复返，在市场竞争激烈，尤其是主流传统媒体联合新媒体加入阵营后，被信息流轰炸的用户格外注重优质新闻、优质评论。目前国内依旧没有出现用户评论质量高的新闻资讯类应用，所以在这一

领域已经常年摸索的网易新闻是具有优势的，并且网易新闻一直在做跟帖社区，这也是擅长的点，用户对网易新闻的用户评价体系从认可度、参与度都是产生良好效果的，所以网易新闻不需要打破目前的用户评价体系，只需要继续沿着这个方向将其优化升级，制定规则来规范评论，营造正能量氛围。

利用用户评价体系来建立正能量氛围的社交生态，从规则上来讲，设置硬性规则强制用户实施会引起用户反感，因此不能让客户端过多地约束用户，比如"关键词过滤屏蔽""评论审核不通过"等，这些都会起到适得其反的效果。因此，在规则制定上不能从"禁止"的方向考虑，而是应该从"鼓励"的角度。比如，当用户发表一个优质评论或对某个内容进行举报会获得高积分奖励。总之，要设置的规则一定是鼓励用户往正向引导。网易新闻中优质内容多了，整体就积极向上了，在"鼓励优质"的规则下，三俗评论将不会再获得收益，并且在整个氛围影响下，受群体压力约束与排斥，媒介素养低的用户将会慢慢沉默，并努力提升自我。

## 4. 结语

流量是产品变现的前提，质量是产品长久发展的保障，如何在质量和流量间找到平衡点持续发力，是网易新闻亟待思考的问题。面对内容消费升级浪潮的汹涌来袭，用户对内容品质的追求越发强烈，用户评价体系在整个产品运维地图中的价值也越发明显。一边是评价内容质量的提升难题，一边是商业变现的难题，网易新闻想要两手紧抓，必须以用户需求为核心，不断丰富和提升自身的内容。这其中包含了多元包容的高品质用户评价体系，以此来激活以内容吸引过来的用户，增加用户留存。未来，网易新闻的突破口就在于"质量""流量"双螺旋协同发力，齐头并进。

# 界面新闻的独特推广策略研究

何红伟　闫森

在日新月异的新理念和新技术下，以"只服务于独立思考的人群"为口号的界面新闻APP，把握自身优势特色，即优质的原创财经新闻内容，在内容生产方面正努力创新平台互动合作机制。在产品推广方面采取多元化的推广方式，实现其更好的发展。本文以其独特推广策略为切入点，深入研究界面新闻APP是如何在互联网时代媒体转型背景下，占据一席之地的。

## 1. 界面APP推出背景

界面APP由上海报业集团于2014年9月创立，是中国具有影响力的原创财经新媒体。其以原创财经和商业新闻为业务核心，布局近40个内容频道，旗下现已孵化数十个知名新媒体品牌。在界面APP推出之际的2014年，我国以报纸为代表的传统传媒出版产业呈现发展疲态。一方面，一直受益于国家舆论宣传需要的中央级全国性大型报刊印数、印张及定价总金额增长趋缓；另一方面，随着数字化阅读的兴起、移动互联网的推广和智能手机的普及，都市报、晚报等市场类报纸及地方性报纸的生存受到冲击，传统报刊产业的多项数据持续下滑。与传统出版产业产值下滑相对应的是数字出版在全行业产值所占比重的不断增加，数字内容服务收入快速增长，传统新闻出版产业数字化转型迫在眉睫。

在以报业为代表的传统传媒出版产业惨淡经营的局面下，国内的大型门户网站发挥其用户资源优势，迅速打造现象级综合新闻客户端，其代表就是如今发展依旧如火如荼的网易、腾讯及新浪。与此同时，以今日头条、一点资讯为代表的聚合类新闻客户端也同步上线推广，这类APP凭借其强大的技术优势，利用大数据和算法，精准推送新闻内容，提供千人千面的定制服务，适应移动互联网时代碎片化、受众多元、个性的需求，成为亿级流量新闻产品。2014年，从中央级传统媒体人民日报推出移动应用客户端APP开始，各级党政媒体逐渐开始发力新媒体，推出自己的APP，界面APP就是在这样的背景下上线推广的，但是传统媒体数字化转型一方面面临着腾讯、今日头条等亿级媒体的外部竞争压力，另一方面又往往受制于传统媒体缺乏技术支撑、试错机制、战略布局等内部不足，界面APP等传统媒体格局下的新媒体平台发展仍然有很多方面需要完善。

## 2. 界面APP的推广方式

APP的推广方式其实是整个APP发展过程中承上启下的一个环节。首先，APP自身的内容要在同类竞品中占有优势，无论内容风格是泛娱乐还是内容深度挖掘，都需要风格突出且精益求精，具有创新性和独特性，对此类内容的用户产生吸引力；其次，APP的盈利模式、运营模式一方面要顾及收益，另一方面要顾及用户体验，充足的资金可以用来对产品进行升级，提高产品的品质，进一步扩大用户范围，反过来，用户体验又可以决定用户是否持续使用以及产品口碑，同样在一定程度上决定了产品能否在竞争激烈的市场中存活；再次，产品的组织架构同样至关重要，顺应时代需求发展往往比拼命逆流而上更容易成功，不论什么类型的组织，在不同的时期采取相应的组织架构是成功的基础。在互联网时代，信息、风口及机遇瞬息万变，赢者通吃是互联网时代的特点；同样，产品的目标用户是否精确、产品定位是否准确都会对产品的发展产生重要影响。

在考察界面APP的推广过程中不难发现，其推广方式与其内容性质、盈利模式、经营模式、组织架构、用户定位、产品定位等要素具有高度的一致性，只有这些要素明晰，APP的推广才能准确地连接其产品与用户，实现有效对接，真正通过多种多样的推广方式满足用户需求，同时实现产品价值，获得相应报酬。基于上诉产品发展要素，将从以下几个方面分析界面APP的推广方式。

## 2.1 界面APP基于内容的推广方式

在所有关于传统媒体数字化转型的文献中，大多数专家都会强调传统媒体的内容优势。同样，脱胎于上海报业集团的界面APP拥有内容优势，其具有250多人的专业采编团队，号称组织内80%的人力资源用于原创内容的生产。从其宣传语"只服务于独立思考的人群"可以看出，界面APP提出的高原创不只是对内要求，同样是对用户、对外的要求。在内容创作方面，界面APP从两个方面着手布局，一方面是鼓励内部工作人员的内容创作，另一方面是与自媒体合作，打造内容生产外部团队"自媒体联盟"Jmedia，而基于内外两方面的内容创作方式同样是界面APP的一种产品推广方式。

(1) 奖励创作和推广产品。

相对于一般国有性质的传统媒体而言，界面APP在资金方面拥有独特的优势，正如界面APP联合创始人张衍阁所讲，"界面APP是传统媒体和资本的'混血儿'，多元化的股权结构，形成更市场化的运作模式，以及更健康的公司治理方式，这种方式给员工激励创造了可能性，有助于挽留人才。"界面APP凭借其在资金方面的优势，采取了更灵活的绩效考核方式来激励内容创作，界面APP的工作人员不仅在基本的KPI考核之外，还有机会获得奖金。界面APP每个月固定挑选10篇优质稿件，对记者以及责任编辑进行奖金奖励，甚至公司股份奖励。界面APP对创作的奖励一方面增强了职员的工作积极性，另一方面也可以产生积极的推广效果，这种更大程度上依靠口碑传播进行推广的方式，不仅实实在在地推广了产品，最重要的是塑造了产品重视内容创作，尊重知识的品牌形象。在界面APP，最令人瞩目奖项当属"董事长特别奖"，2018年第一期"董事长特别奖"开奖，有记者凭借优质的新闻稿件获得高达 10 万元的奖励，更多记者获得 5 万元、2 万元等奖项。对于界面 APP 这样的传媒机构而言，内容创作单项奖金数额可高达 10 万元，且一次性发放数百万用于内容创作奖励在行业内是鲜有耳闻的，这在整个媒体圈以及社会上引起了关注，界面 APP 通过这样的方式，不仅鼓励职员生产优质的稿件以吸引用户，提高用户黏度，增强对产品的信赖度，同时达到了产品推广和品牌形象宣传的作用。如果说内容是产品发展的基石，那么界面 APP 通过提高内容质量来推广产品的方式无疑是在进一步夯实基础，这为界面 APP 的发展奠定了良好的内容基础和社会舆论基础。

(2) 内容生产合作与产品推广。

在界面 APP 的内容生产方面，一方面界面 APP 通过奖励优质稿件，实行灵活的 KPI 考核机制以促进内部职员的内容创作积极性；另一方面界面 APP 积极开展内容创作合作项目。在内容创作合作对象中，既有用户也有广大的自媒体人和自媒体平台。

界面 APP 在 APP 的个人用户界面中设置了"爆料""征集令""投稿"三个投稿板块，用户可以通过这三个板块向界面 APP 投递具有新闻价值、符合界面 APP 征稿主题的稿件，也可以提出具有新闻价值的新闻主题参与新闻生产过程，这样的互动既可以加强用户对新闻生产的参与度和用户黏度，同时带来优质内容生产的良性循环。

与同用户合作生产内容的规模不同，界面 APP 动用敏锐的商业嗅觉察觉到了以社交平台为基础的自媒体产业具有强大的影响力和内容创作能力,积极开展与自媒体的合作,正如界面 APP 总裁华威所言:"借助自媒体,向平台转型"。界面 APP 的主页中可以看到界面 APP 发起并成立的"自媒体联盟" Jmedia 现有成员 3000 家,涵盖 20 多个垂直领域,辐射 2 亿用户。界面 APP 选取同样拥有优质内容生产能力的自媒体合作,契合界面 APP 的价值取向,一方面实现内容共享,实现不同领域内容互补,同时鼓励自媒体合作方在其平台及各自的渠道,如微信朋友圈、微信群等分享界面 APP 生产的内容,实现共赢双赢。界面 APP 推动 Jmedia 的成立,同样是一举数得的策略,不仅扩充了自身内容涵盖面和增加了内容生产方,而且可以利用自媒体蓬勃发展的态势和社交媒休强大的导流能力为自己的产品进行推广,进一步扩大用户规模,此外,还可以将分散的自媒体进行组织化、团体化,对其内容创作进行引导,同样也是在履行党政媒体进行舆论引导的使命。

### 2.2 界面 APP 基于品牌战略的推广方式

在竞争激烈的互联网时代,一个产品成功与否不在于是否上线,而在于其知名度,或者说是品牌认同度。品牌知名度的建立往往需要时间的积累,同时需要产品方展现良好的社会价值和产品专业价值。界面 APP 通过对内容原创性和优质性的执着追求,采用大胆的奖励制度和前卫的内容创作合作制度在媒体圈和社会留下了良好的品牌形象,这都有益于品牌认同度、知名度的提升。艾瑞数据显示,当前界面 APP 月度独立设备数为 130

万，在商业资讯榜排名第一。界面APP在初步建立其品牌知名度以后，开始不断扩充其子品牌项目，通过孵化不同形式的内容板块，开展多品牌战略进行产品推广。

在界面APP日益完善的产品结构中，根据产品形态的不同，衍生出多种多样的子类品牌。其中，文字内容板块孵化出"正午""天下"和"歪楼"等独立品牌。其中，"正午"专注于原创、长篇和非虚构内容的创作；"天下"则发力于国际事务，其稿件来源是华尔街日报和纽约时报这类在国外具有重大影响的媒体方；"歪楼"则更倾向于趣味性，推送内容多为全球范围内鲜有人知的趣味性事件。这类独立品牌在宣传推广中已经不再使用界面APP的招牌，而它们的成功推广又可以反哺界面APP，良性循环推广效益显著；音视频板块则推出了"箭厂""一面""界面FM"及界面直播平台。完善的内容形式对应的是界面APP注重内容细分、受众细分的目标定位，对不同内容形式的板块进行分门别类地独立品牌化，不同的品牌再利用不同渠道，如微信系列产品、母体上海报业集团平台、移动应用商店等原有和新开拓的渠道进行新一轮的推广，实现多品牌战略下的产品推广。

### 2.3 界面APP基于战略合作的推广方式

界面APP在所有制结构上实行多元股份制，完全有别于传统媒体单位国有化的定位，这样的组织结构不仅有利于界面APP利用资本市场采取灵活的分配制激活职员创作热情，而且可以依托母体上海报业集团，利用好其内容及内容生产专业团队，这样的股份制可谓中和了体制的制约和资本的投机。

界面APP除了上海报业集团控股外，其战略合作方兼多元股东包括昆仑信托、海通证券、国泰君安、弘毅投资、卓尔传媒、中国建设、825基金、奇虎360、小米科技、蓝色光标等。多元化的股东给界面APP带来的不仅是丰厚的投资，而且还有战略合作方的推广渠道。从界面APP的股东类别来看，多是商界和科技界重要成员，在商界和科技界拥有广泛的影响力，如界面APP B轮融资中，昆仑信托领头3亿元在各大资讯平台就曾轰动一时，这为界面APP开始发力音视频领域造足势头，获得众多关注。

除了商界和科技界外，界面APP在传媒界的合作方同样在推广上产生的作用不容回避。截至当前，与界面达成合作协议的大型传媒平台近30家，这其中包括了中央级媒体新华社、国外知名媒体纽约时报及流量巨大的今日头条等。媒体合作方不仅可以相互转发内容，而且可以实现自身平台用户的分享和引流，对合作双方是有力的。同时，每一个合作方转发的每一条界面APP的内容后，都会注明转载来源，所以每一条被转载的内容都是一次产品的推广。通过与多方媒体的合作，既开辟了新的内容创作源头，又实现了产品的低价高效推广，扩大了品牌知名度和影响力。

借助别人的力量或者渠道推广自己的产品在互联网行业并不少见，而且这种方法高效、低廉。阿里巴巴在推广其产品淘宝APP时采用的就是这样的方法。现任阿里巴巴 CEO 张勇在推广淘宝时，国内移动手机客户端还没有如今普及，大多数互联网公司在推广移动手机客户端时采用的还是地推、烧钱等高成本、低效率且用户留存率不高的方法，张勇另辟蹊径，通过与合作厂商合作，每一家入驻淘宝网的店铺都对通过淘宝 APP 下单的客户给予优惠让利，这样的策略让淘宝 APP 很快取得很大下载量，而且用户留存率高。相对于"烧钱"地推等方式，这样通过合作的方式，借力合作方渠道来实现产品推广的方式更省时省力省钱，今天界面 APP 采取的推广方式与此本质相同。

### 2.4 界面 APP 基于用户的推广方式

（1）基于用户体验的推广方式。

界面 APP 从 2014 年上线以来，在 iOS 系统共迭代更新 34 个版本，除了基本的修复 Bug 外，更引人瞩目的是其对栏目的细分和板块的增加。其版本的不断更新，旨在提高用户体验，增强用户黏度，用更好的服务把用户留下是界面产品更新的核心思想。

界面 APP 除了通过产品迭代升级保持用户良好体验外，其在产品内部互动功能也相对增加，提高用户的互动性与参与度。笔者注意到，在 iOS 系统最新版的界面 APP 中，读者在新闻栏目下"我的"模块中可以自由订阅或者取消订阅所有频道，如"界面深度""界面时评"等。自由化的订阅方式一方面契合了读者的个人喜好，是界面 APP 细分受众、细分内容的体现；另一方面体现出界面 APP 在对内容推广中从"传者为主"到"受者为主"的思维转变。在"我的"栏目中，界面 APP 在 2015 年版本更新中加入"消息和通知"功能，方便用户了解新消息以及活动进展、稿件录用与否等事项；2015 年，面点商城上线，并在之后进行了一系列的优化，用户可以通过邀请好友注册等方法获得面点，进而在面点商城获得礼品，这种基于强社交关系产生裂变的推广方式不失为一种好的方法，既可以鼓励用户阅读新闻，加强用户黏度，又可以将用户低成本转换为义务推销员，但是从实际效果来看尚不明显，界面 APP 对于这个推广方式投入太少，与微信阅读等电子阅读产品在基于人际关系推广方面的投入相比天差地别。

(2) 基于用户和市场定位的推广方式。

在 2014 年上海报业集团推出界面 APP 时，移动互联网新闻资讯行业已经产生了第一梯队，其中不仅包括今日头条、一点资讯等商业性质的新闻聚合类 APP，还有中央级官方综合性新闻资讯平台人民日报、新华社等推出的 APP，同样是地方性媒体的界面 APP 要想在竞争白热化的移动新闻客户端生存发展，就要明确自身的市场定位和受众定位。界面 APP 专注于传统新闻媒体仍然占有巨大优势的财经类市场，定位中产阶级用户对新闻准确、原创、权威的要求，扎根垂直领域，生产专业性的、有深度的、有价值的商业新闻服务信息需求人群，打造具有权威的财经类商业新闻媒体。也正是基于这样的受众和市场定位，界面 APP 多数推广方式和渠道都与此相配套，如对股东的选择、合作方的选择及线下推广活动的开展。

在线下推广方式的选择上，界面 APP 采取了两种形式。一种是界面 APP 策划全国性线下推广活动，用户进入万达广场的界面 APP 展区下载界面 APP 就可以获得爆米花、电影券、打车券等小礼物；另一种是花费巨资在包括北上广深等中产阶级较多的城市公共交通媒体上投放推广广告。

### 3. 界面 APP 与腾讯新闻在推广方式上的异同

前文从多个方面探讨了界面 APP 在上线推广中采取的方式，与界面 APP 多隐形重内涵的推广方式相比，腾讯新闻在推广方式的采用上更体现出互联网巨头的效率和实力。最新的艾瑞数据显示，腾讯新闻在新闻资讯榜排名第一，月度独立设备数 26876 万台，而且仍然以环比增幅 3.8% 的速度增长，累计下载量高达 75.55 亿次。与此形成明显对比的是界面 APP 月度独立设备数 130 万台，环比增速 –4.2% 的数据。在此处，排除两者在各方面的差异，如界面 APP 市场定位是财经新闻，腾讯新闻市场定位是综合新闻等，契合文章主题，从两者在推广策略方面进行对比分析。

腾讯新闻定位全品类新闻资讯平台，大而全是它的特点之一，这样的市场定位与其母公司腾讯在门户时代集聚的用户资源有关，其用户资源庞大，涵盖行业、阶层众多，这决定了腾讯新闻综合性新闻媒体的市场定位以及其推广方式。

可以说，腾讯新闻 APP 在推广上，最大的助力来源于其母公司腾讯已有产业布局，包括用户规模巨大的社交产品QQ和微信，以及基于这两款社交平台衍生出的其他产品，如QQ音乐、微信公众号、企鹅号等。腾讯新闻的用户可以一键分享相关内容到自己的朋友圈、QQ空间、微信好友、QQ好友及QQ音乐好友等众多流量较大的平台。腾讯新闻的推广平台是自家的，各种推广资源拥有优先权，而界面APP是借助别人的平台进行推广。腾讯公司一直在致力于完善其产品生态圈，互联网行业的风口，腾讯都希望有自己的平台，而也正是这样有利的产品生态圈可以滚雪球般加持其他新产品，无论是腾讯新闻还是腾讯基于社交媒体微信、QQ孵化的其他产品。

同界面APP采取与众多自媒体合作推广产品的方式相类似，腾讯新闻在2016年启动其全媒体平台企鹅号对外开放战略，消息一出迅速吸引大量主流媒体和自媒体加入，不仅丰富了腾讯新闻内容的来源，而且使腾讯新闻的推广进一步扩大。2017年腾讯启动"芒种计划"，整合腾讯资源为内容分发助力，如QQ浏览器，成为新的内容分发渠道，拓展了腾讯新闻及企鹅号内容分发渠道，同时也是对腾讯新闻的进一步推广。

腾讯新闻在推广方式上的做法发挥了自身背靠腾讯这个互联网巨头产生的用户、渠道、资金等优势，采取多元的推广方式，界面APP与其相比虽然拥有部分资本市场的加持，但是在推广方式上格局尚浅，就目前的市场表现来看，仍然要走很长的路。

## 4. 结语

界面 APP 以其准确的用户和市场定位及立足于"只服务于独立思考的人群"的产品理念，获得了部分用户的青睐。同时，界面 APP 坚持"内容为王"，在保证内容质量的前提下，正努力探索多种推广方式，并注重品牌战略、互动合作、用户体验、市场定位。在不断扩大产品用户群体辐射范围的同时，以优质原创内容来服务受众，以此获得用户黏性，此乃界面 APP 的推广之道。

# 趣头条的"推广大法"解密

黄巧维

2016年6月8日,趣头条1.0版本上线,历时两年,趣头条在美国纳斯达克上市。作为在个性化推送发展到下半场才上线的内容资讯类平台,以其快速度的发展速度收获了众多已获得互联网红利的企业的瞩目,从其得到腾讯等的直接投资也可见其具有独特的商业价值。

截至2019年4月,趣头条用两年时间获得了13.51亿次的下载量,最高日下载量达到1亿次。艾瑞咨询数据显示,自2018年4月至2019年3月,趣头条月活跃用户量达到7338万,日活跃用户量达到3000万,且其在新闻资讯平台中排名第6,追赶成立数年且背后有重资本支持的网易、新浪与搜狐新闻。在国内资讯市场被腾讯"双子星"(腾讯新闻和天天快报)以及以算法为利器的"今日头条"的占领下,几乎白手起家的趣头条何以在短短27个月在上百种资讯类平台中脱颖而出,与其所在的互联网发展背景有着不可分割的关系。

不断扩大的农村及三四线城市互联网市场正成为一片新的蓝海,也吸引诸多互联网巨头投入资本,早在2014年前后,百度、阿里及京东就开始在农村进行"刷墙"行动,但无论是阿里一直构建的农村电商还是京东不断地下乡推广,下沉市场一直都未被开发出它的实际效用。而趣头条与拼多多、快手并称为如今的下沉市场"三巨头",终于将这片蓝海所蕴含的巨大商机开发出一个角落获得了千万级用户量。本文将用SWOT分析法对趣头条的推广方式进行研究。

## 1. S——优势分析

### 1.1 明确传播对象,打造全新传播策略

推广自身产品作为获取用户的一条主要渠道,经由互联网的发展,已分化出多种相对具体的推广方式,包括使用Email、快捷网址、病毒营销和网络广告等8种类型。而趣头条作为一个资讯类平台,在上线之初就充分确定自身的目标用户,并根据目标用户制定出一套全新的传播策略。

了解目标用户需求是互联网产品公司制定推广策略最重要的一步,趣头条瞄准三四线城市,相应的三四线互联网用户成为其主要推广对象。这类人群的使用诉求、生活环境、消费水平等诸多社会特征都与在一二线城市工作生活的人群有着明显的差异,生活节奏缓慢、消费欲望强盛、生活环境相对滞后,互联网未迅猛发展之前,他们处在社会的边缘,对信息的接收只能通过电视、报纸。但随着互联网的发展,尤其是移动设备的普

及，他们对以手机为代表的移动设备更加依赖，手机成为这类人群获取信息、打发时间、网络购物的主要媒介，而缺乏一二线城市的竞争力及现实的就业、购房焦虑，这类人群的空闲时间更是一个巨大的商机。如何吸引这类人群的注意力，是趣头条上线之初亟须考虑的内容。

### 1.2 内外兼修，让趣头条走得更远

趣头条拥有近14亿次的下载量，最大的"功臣"为其建立的金币与货币之间的转换关系，趣头条将"让阅读更具价值"作为自己的产品宣言，这则标语很好地诠释了它的运营理念：将阅读与金钱直接相连。让"阅读会获得价值"不再是一句空话。付费阅读在互联网上发展势头渐猛之际，一款应用软件免费为用户提供各类信息的同时还会为用户带来利益，即便每则新闻所产生的金币并不多，但三四五线城市的居民有足够的时间去积攒金币，换取为数不多的人民币。

趣头条所建立的金币兑换机制也是其重要的推广方式之一，趣头条简易的返利机制主要由两大板块组成，第一板块是内容资讯。早期趣头条首页会推荐各类资讯，包括视频、短文等，在每篇资讯的下方会有"首次观看就得0.48元"的提示，在3.9版本中对获取金币的方式进行了调整，在包括首页推荐在内的31个子栏目中，除却"小说"一栏，浏览每一子栏目下的具体内容都会获取一定的收益。具体规则为"阅读资讯每30秒，最高可获得60金币；观看视频每30~60秒，可获得最高30金币奖励；且金币可以直接提现到用户的支付宝或微信账号中"。趣头条平台支持用户

将资讯链接分享到微信、QQ、微博、知乎等第三方平台，链接接收者在阅读信息的同时会弹出"打开APP看资讯得18元"的提示，并在资讯下方显示发链接者的"ID+某某邀您一起赚钱"的标语，通过微信等平台与自己社会关系较紧密的微信好友一同分享，很显然会提高趣头条的下载量，而直观地显示读资讯赚钱更易吸引用户下载。

第二板块是用户界面，是趣头条提高下载量和扩大传播范围最有力的策略。新用户在下载趣头条后会进行账号注册，默认注册方式第一个为微信授权，这也为趣头条之后主要通过微信进行传播打下基础。在注册之后新用户会获得1元的现金奖励，若用户未领取，平台会不停发短信以及微信提醒用户提现。阅读资讯所获得的实际金钱是细碎稀少的，邀请自己的亲朋好友进行趣头条的下载注册则可获取颇为可观的现金。在用户的"任务"及"我的"界面中，在醒目的位置会有类似GIF格式的动态图，提醒用户可获得大量现金，点击进页面都能看到用户需邀请自己的好友注册，邀请方式微信和面对面扫码处于优先位置，平台规定已被其他人邀请过的用户无法成为自己队伍中的一员，以此来扩大用户群体。邀请新用户所获得的收益并非一次性发放到邀请者账户中，而是分期发放，需要被邀请者完成一定的阅读任务并至少将此软件在手机上保存3天，实际此举也可留住一些用户。除了直接地鼓励用户邀请好友获取现金奖励外，趣头条还开发出丰富的形式，虽然其本质上还是希望用户邀请自己身边的人注册使用。但形式的创新调动用户使用产品的积极性，吸引了用户有效的注意力。新形式主要包括"养鸡拿鸡蛋",即邀请未注册趣头条的好友玩此游戏,好友即可领取一盒鸡蛋。以及"开宝箱分享",通过此渠道进行分享可以获取额外金币,并且规则第二条明确说明邀请对象若为家人、朋友、同学、同事等则成功率更高;第三条则说明分享至3个以上微信群/QQ群,成功概率达到200%。无论其以怎样的形式呈现,获取的金额有多大差异,趣头条至少在目前准确地抓住了下沉市场用户的心理,借助用户的力量,以金钱激励用户进行"滚雪球"的推广宣传显然要比一味地投广告宣传要有效得多,而熟人间的推荐更具说服力。

通过在华为应用市场与小米应用商店的观察,虽然这两大品牌的用户中对趣头条的评分只有3.4和3.5,但有很多评论者也即趣头条的下载者都将自己的用户名改为趣头条中的邀请码,并且频繁地在其中刷诸如"朋友们,注册可用""真的不错,内容丰富,增长见闻"等评论,相较于今日头条在两大品牌应用市场的评分只有2.4和2.5。

无论出于何种目的,单就评分和评论内容而言,趣头条的推广可以说取得了一定程度上的成功。

**1.3 外部借力:借助各类平台,全方位进行自我宣传**

(1) 与下沉地区政府合作,对准目标市场开展公益。

在2019互联网岳麓峰会"马栏山时间·智能新媒体"高峰论坛上,趣头条总裁刘安逸在主题演讲中强调趣头条十分注重用户的需求,明确将用户锁定为三四线城市甚至更偏远地区人群身上,趣头条也一直致力于借助自身品牌影响力推动县级及贫困地区的建设。

2018年以来，趣头条对多个贫困县区进行调查，启动了以"家乡代言人""爱心厨房"为代表的正能量计划，与当地政府和相关公益组织合作，希望通过公益项目的启动和平台自身的属性为部分地区旅游业进行宣传，将平台打造成连接用户与家乡之间的桥梁。如果说趣头条与中国扶贫基金会共同支持的"爱心厨房"项目是纯粹地做公益，那么2018年10月，在中央网信办的指导下，趣头条与陕西省汉中市佛坪县签订的平安乡镇捐赠及寻趣乡村的宣传战略合作协议的签订则具有更强的宣传意味。对某些贫困地区的特色产品在平台上进行宣传，为当地带去了实际收益，同样也收获了一方土地人民的心，而与政府的合作也极有可能会将应用的下载作为一种强制性的政治要求传达。

2019年1月，趣头条启动"脱贫攻坚战暖阳行动"，预计会在未来两年内投入约10亿元资金。4月11日，趣头条在官方微信"趣头条资讯"上推出"暖阳行动"第一季度所拍摄的6支扶贫广告片，与河南省鲁山县、河南省郏县、陕西省宁强县、陕西省镇巴县、陕西省佛坪县5个县政府相关部门进行的密切的协作，打造出反映当地真实发展状况、符合当地风土人情的具有较高质量的宣传片，结合民歌及动画等多种形式展现，并且获得了人民网、中国新闻网等媒体的转载。另外，趣头条联合公众人物为"暖阳行动"发声。无论是与县区政府合作打造的宣传片还是借助公众人物的热度，其目的就是为趣头条进行推广、获得更多的用户。

(2) 联合多方助力公益，全面开发潜在用户。

2018年趣头条与人民日报平台合作，推出"致敬40年——我的家乡好事"征集活动，通过线上与线下的融合，各地政府与趣头条用户都可进行投稿，并设立奖励机制。在征集活动开展期间，趣头条不断地对征集来的人物事迹进行推送，最终获得了"2018年年度中国公益企业奖"。

2019年1月，由人民网主办，趣头条承办，环球网、去哪儿网协办的"2019幸福回家路"公益活动开启，制作《过年，就是在一起》宣传片，并在线征集用户与家人、家乡的暖心话语，通过上传作品则有机会获得不同额度的车票补贴，鼓励用户主动参与活动。而在年前"啥是佩奇"短片火爆全网时，趣头条紧跟热度，鼓励用户积极留言，点赞数最高者可以获得5张电影票。多数人为获得较高点赞数会在自己的多个平台求援，极有可能会形成滚雪球的趋势，如此趣头条又借助了一次用户的传播力。

在"人人都是内容生产者"的时代，平台势必要加强与自身用户的联系，趣头条也不例外。它不愿只是成为一个资讯的搬运者、集合者，也希望生产出具有平台特色的原创内容。除了建立趣头条自媒体平台外，2019年趣头条还推出"合伙人计划"，这项计划是趣头条号内容平台发起的一项长期针对本地特色内容推出的扶持计划，希望能与具有地域特色的优质内容创作者合作，这一计划或许会为趣头条的发展注入新的动力。

## 2. W——劣势分析（与"今日头条"对比）

### 2.1 内容质量难以为推广做支撑

趣头条不断强调自身的目标受众为三四线城市的互联网用户，在内容上更偏向于娱乐、文化类，但这些内容层次普遍较低，即使生活在三四线城市或农村的网民刚开始辨别信息质量的能力偏低，但随着对互联网使用时间的增长，网民势必会对自己的阅读内容质量有所要求，至少从目前的内容质量来看，作为内容资讯平台的趣头条可能会存在用户上的流失。相比而言，今日头条的内容质量显得更有层次，虽然两者所谓的定位并不相同，但身处三四线城市也并非都是刚触网的用户，高质量内容显然会被更多用户青睐。

### 2.2 金币兑换机制存在 Bug 造成用户流失

趣头条独特的金币兑换机制是其平台推广的一大利器，依靠此机制吸引了大量的用户。前文展示的趣头条应用评论中存在大量、明显的刷评论的行为，用户使用趣头条仅仅是为了获取一定的金钱，并未将其视为资讯平台。在趣头条阅读时长的增加换来金钱数量的减少会使用户疲于阅读质量并不高的内容，极有可能会使用户转向另一个平台。而今日头条在历经多次整改之后，已经发展成为一个较为成熟的资讯平台，对用户而言无疑是一个很好的选择。

### 3. O——机会分析

趣头条投入大量的资本在贫困县区，帮助这些地区脱贫攻坚、开展一系列的公益活动，这与党中央 2015 年来一直倡导的"打响脱贫攻坚战"的总方向与总目标一致。也得到人民网、中新网等主流媒体的支持，有利于趣头条借助第三方平台扩大影响力。

趣头条一直致力于下沉市场的开发，平台对乡村的创业者进行较大力度的支持，有利于将这类群体培养成忠实用户，增强用户黏度、放大口碑效应。乡村创业者的思想相对前卫，以他们作为切入点，促使他们成为意见领袖进行传播，会更深入地渗透目标市场，这些创业者也成为趣头条打造下沉市场生态圈最重要的一环。

### 4. T——威胁分析

趣头条引以为傲的金币兑换机制在市场上已出现多个模仿者，包括"惠头条"等 50 余款手机应用，当用户在趣头条上的物质收益不再明显，他们会转向其他同类型的平台，造成用户的流失。

互联网时代资讯类平台很少具有原创性，趣头条使用的爬虫技术得来的资讯极有可能会引起版权纷争。BAT 三巨头与传统门户已将资讯市场作为发展的重要领域，腾讯新闻借助自家的微信与 QQ 两大平台的用户基础，在用户规模上占据首位。腾讯新闻还宣布投入 12 亿元供给内容创作者；

阿里巴巴启动大鱼号模式对内容资讯的市场进行围攻。这对原创内容稀少的趣头条来说，市场份额遭到了较大的挤压。

## 5. 结语

综上所述，趣头条的未来发展方向将从"打造优质内容+广告生态体系"和"建立更加完善的金币兑换机制"入手。

在下沉市场用户对趣头条的金币兑现机制的热情消退之后，能吸引用户持续使用的只有优质的内容。除了鼓励用户进行内容原创外，平台应建立更为精细及严格的内容推送，并且更精准地将内容与广告相结合，改变目前广投广告、广告质量较低的局面。与优质电商平台合作，将内容所涉及的相关产品链接投放至用户的设备中，打造出"内容+广告"的优质体系。

目前趣头条的兑换机制还存在很多不足，应该及时予以解决，首先必须完善金币兑换机制，获取用户的基本信任。并将此机制的作用弱化，成为内容的附加项。用户可以成为平台优质内容的把关者之一，经平台审核后发放一定金额的奖励，若是提供优质原创内容则可获得更多奖励。

# "三级火箭"助推趣头条生态布局

赵梦宇

瞄准下沉市场、以网赚模式杀入资讯聚合产品领域的趣头条，通过对二四线城市及农村用户消费心理的精准把握，凭借独特的用户激励和产品驱动机制，快速攻占"五环外市场"，在各大新闻资讯类平台激烈交战中，上线仅两年零三个月，就一路高歌成功敲响美国纳斯达克证券交易所的钟声。趣头条借助下沉市场实现迅速裂变增长，反映了趣头条对商业生态宏观布局和建设的长远考量，并具有优秀的商业逻辑把握能力和商业路径的演化能力，这不仅要求要对商业生态环节中各个节点进行优化调配，还要求面对用户需求所提供的优质服务能力。本文从趣头条获取头部流量、搭建沉淀用户的商业场景及完成商业变现的三级火箭模型入手，系统分析其底层商业逻辑和潜在动能，从中找出平台未来商业发展的隐患和忧思，并试图提供可行化建议。

## 1. 趣头条产品简介

趣头条是一款新闻资讯聚合类移动客户端。很多人并不熟知趣头条，简单来说，趣头条就是农村版的今日头条。但是，即便两者底层商业逻辑相同，但是采用的渠道方式和用户激励机制大相径庭。趣头条自2016年6月上线以来，凭借差异化的产品定位、独特的获客机制、快速发展的自媒体内容平台，以及基于深度学习的算法推荐快速在三四线城市和农村地区打开市场，通过在下沉市场2年多的持续深耕后，成功在美国纳斯达克上市。

## 2. 数据端见证趣头条发展现状

趣头条及2018年全年财报显示，2018年全年营收30.2亿元，同比增长484.5%。与此对应，归属普通股东的净亏损为20.29亿元，剔除近10亿元股权激励成本的影响，2017年亏损高达10亿元左右。亏损的原因主要是高额的用户补贴成本，不过利用现金补贴的方式却换来了用户的高速增长。趣头条2018年第四季度平均月活用户数9380万，同比增长286%；平均日活用户数3090万，同比增长224.2%，环比增长45.2%。另外，趣头条差异化的用户群体与独特的用户激励机制为品牌成功架设推广通路，以现金为刺激点设计的运营策略成功保证了用户停留时长。2018年报披露，趣头条日活用户平均单日花费时长为63分钟，同比增长 96.3%，环比增长 12.7%。

据 QuestMobile 中国移动互联网 2018 年度大报告数据显示，趣头条以 6709 万用户月活排在综合资讯类移动客户端第 5 位，超过了一点资讯、搜狐新闻、凤凰新闻等该市场老玩家。而根据猎豹 2018 年 Q3 中国 APP 市场报告，趣头条人均打开次数 147.7 次，超过新闻资讯赛道头号玩家腾讯视频，仅次于今日头条及今日头条极速版。

不难发现，趣头条作为新闻资讯类客户端的新秀，在该赛道"马太效应"显著和"多元玩家厮杀"的大背景下，借助差异化的产品定位和下沉市场流量红利，以网赚模式成功吸引大批用户，手持用户和资本两大利器，快速打开"五环外"三四线城市及农村地区市场，摇身成长为新型独角兽公司。不过，从该公司财报数据可以看出，趣头条采用现金补贴用户的方式为平台集聚势能，吸引资本注入并成功上市。但是，高昂的拉新运维成本是摆在企业商业盈利和投资者面前的一道难题。

### 3. 趣头条的商业生态

传统的商业生态是以制造业为主导，以价值链为基础驱动上下游垂直发展，而互利网商业生态则是以互利网企业为主导，以价值网为基础驱动各个节点协同发展，利用数据智能和网络协同完成商业闭环。趣头条的商业生态演化发展中，首先，一级火箭注重头部流量集聚的规模效应，采用独特的用户拉新留存机制保证平台流量的规模和活跃。其次，二级火箭利用数据智能驱动内容场景的搭设，完成沉淀用户的商业场景。最后，三级火箭释放产业上下游价值，全面赋能平台，成功完成左手用户、右手广告的变现流程。

### 3.1 一级火箭：头部流量奠定平台发展基石

（1）准确洞察市场空间和潜能。

移动互利网发展至下半场，高喊人口红利消失殆尽的声音不绝于耳，互利网公司发展似乎触顶线上流量天花板，用户增长不再如上半场般轻而易举。但是，线上人口红利真的已经枯竭、用户增长的瓶颈真的无法突破了吗？由于我国城镇化差异的特殊性，互联网在城市流量红利的收割已基本完成，但是，随着网络通信等基础设施的覆盖范围逐渐深入及移动终端设备的逐渐普及，以三线城市及农村地区这些下沉市场的用户红利仍待挖掘。《第43次中国互联网络发展状况统计报告》显示，截至2018年12月，我国农村网民规模为2.22亿，占整体网民的26.7%，同比增长6.2%；农村地区互联网普及率38.4%，同比增长3个百分点。对比国家统计局发布的人口数据，截至2018年年底，我国乡村总人口为8.3亿，剔除现有网民规模，仍有6亿农村人口尚未触网。因此，农村地区的互联网人口红利大有可为，渠道和平台下沉是互联网公司突破流量增长瓶颈、布局未来发展的可行路径。以今日头条、腾讯新闻、一点资讯等新闻客户端在一二线城市拼得你死我活之际，趣头条凭借对下沉市场潜能的前瞻性预判，深度研究该市场用户特征和消费习惯，针对用户需求和产品目标打造差异化内容，并配合独特的拉新玩法占据市场主动权。

(2) 深研用户特性和需求。

趣头条在抢占三四线城市和农村市场、布局下沉市场商业赛道初始，通过大数据、云计算等智能技术，对该市场目标用户的特征和需求精准把握。从用户年龄层看，趣头条将产品目标人群定位在36岁及以上用户，该年龄层用户拥有更多的闲暇时间以及消费能力，且情绪和行为容易受到传播感染；从用户性别层看，趣头条更青睐女性消费群体，这部分人群在家庭角色分配中往往主导日常生活开支，拥有较强的决策和消费能力，另外女性的社会角色致使其比男性所承担的压力小，因此她们具有更多自主支配的时间。从用户画像层看，下沉市场的用户工作稳定且压力较小，时间自主支配能力大于城市用户，同时其社交和娱乐属性较强，爱娱乐八卦、两性健康、旅游休闲以及在线游戏；从用户消费心理层看，用户普遍存在"薅羊毛"的心理，换句话说，教育程度相对偏下和人性攀比心理引发用户对福利、优惠持续追逐；从用户聚居模式层看，下沉市场居（农）民以社区和村落的形式聚居，这种聚居方式拥有天然的传播优势，一则信息或新闻能够像水花涟漪般呈圈层扩散，有利用品牌的裂变式社群传播。

(3) 打造差异化产品和服务。

赛道布局和深耕就离不开市场化竞争，深度分析和挖掘竞品背后的商业逻辑、市场定位和核心用户是打造差异化产品、寻求平台自身发展和商业化变现的必要条件。以算法推荐分发见长的今日头条空降新闻资讯领域，并快速领跑全新赛道、驱动赛道玩家技术升级、重塑内容分发机制；以腾讯新闻为主的老牌玩家致力于内容的深耕和维护，保证品质的优良和高效。尽管各大新闻资讯平台的玩法各异、风格不同，但是它们均在一二线市场着重发力，其产品设计思路和内容供给更加针对中高端用户群体。趣头条作为该领域的后来者，要实现"弯道超车"必须开辟新的市场，提供差异化的产品和服务。因此，通过大量的数据和市场调研，以及"拼多多""快手"在下沉市场布局垂直赛道的成功经验，趣头条定位自身核心服务群体，并打造差异化内容供给（以娱乐、八卦等内容为主）和用户激励机制，快速在下沉市场站稳脚跟并挤进新闻资讯平台前列。

(4) 借势腾讯扩展头部流量。

有了头部流量，互联网产品才有话语权和演化机会。可以说，流量决定着产品的生存、发展、变现。拥有巨大流量的平台才有资格和资本布局商业生态，流量推动着网络协同和数据驱动的路径和程度，也决定着平台制定规则的权利和商业议价的能力。因此，要做互联网产品，首先要解决的问题就是流量。那么，流量从哪里来、哪些流量适合产品自身、怎么留存流量、流量如何变现等问题是趣头条需要思考的首要问题，它决定了趣头条产品的走向和商业生态的构建程度。在新产品上线之际，自身用户流量和渠道通路均未打开，市场和品牌推广难度较大。因此，借助互联网巨头的势能，利用它们长期集聚的用户基础和渠道能力快速推广自身产品是商业生态推进的智慧思路，这种资源共享、渠道互推的网络协同方式能够帮助新产品打开流量通道。微信作为一款日活超过10亿的社交工具，拥有海量的用户群体和巨大的商业推动力，当微信成为国民的一种生活方式时，其中巨大的商业价值将会驱动各路创业者前行。趣头条正是看重了微信巨大的用户基础和强大社交能力，与腾讯达成合作，将旗下产品微信、QQ作为传播分发渠道，通过社交分发的方式，配合现金返利等丰富的运营活动，迅速引爆下沉市场，成功吸引大批用户并形成裂变式自发传播。

### 3.2 二级火箭：现金激励模式搭设沉淀用户的商业场景

趣头条借助腾讯强大的资源和渠道为自己打开流量入口，并通过快速搭设沉淀用户的消费场景帮助流量导入和转化。针对平台下沉市场的特性和用户需求，趣头条打造出一套体系完整、玩法多样且效果显著的现金激励模式。通过这种激励机制，平台可以缩短和提高获客、留存、变现等一系列商业行为的时间和效率。

（1）多重原因催生"社交+奖励"模式。

趣头条凭借着"社交+奖励"的用户增长模式快速占据下沉市场，聚合用户流量并得到资本追捧，其背后是基于多重原因的考量。一是互利网产品要持续发展必定离不开成本关卡，现阶段互联网单客获取成本过高是趣头条产品推广初期必须考虑的问题。传统的应用软件通过向百度、谷歌等流量大鳄投放广告以获取流量,平均获客成本在 10 元以上。趣头条选择另辟蹊径,通过现金奖励模式直接从用户手上买流量,这就使获客成本降至 3~4 元;二是社交裂变模式下,用户基于熟人推荐和传播的信任,更愿意放下心理防御,借助社交工具快速在互利网上形成裂变式传播;三是随着互利网从高级知识分子和白领所在的一二线城市扩张到三四线城市及农村市场,"薅羊毛"成为该市场用户最广泛的兴趣所在,如优惠、红包、现金等激励模式能够切中人性中对欲望的渴求,满足最广泛用户的物质和精神需求。

(2) 社交裂变下的现金激励模式分析。

趣头条的现金激励主要分为两种,即个人赚金币和收徒赚金币,前者的价值在于留存和提高用户活跃度,后者的价值在于拉新增长。趣头条通过类似于微商"分级多销"模式和互利网裂变传播,迅速沉淀下沉市场,并成功吸引流量,借势成为新兴的独角兽公司。据艾瑞 APP 指数统计,截至 2019 年 3 月底,趣头条用户月活为 7338 万,同比增长 55.8%,环比增长 1.9%。这增长黑客故事的背后,是趣头条用户激励模式、运营能力及商业生态的创新和升级。

(3) 用户拉新:独特机制引爆裂变式传播。

趣头条能够短期内在三线及以下城市快速扩张,吸引用户形成强有力的价值网,重点在于它开发出一套独特的拉新留存机制,通过细分化奖励手段不断促使用户分享,主动形成裂变式传播。既然选择平台下沉,找寻低线城市突破口进行市场化运营，就必须对此类城市的用户画像精准描绘。易观数据显示，下沉市场的用户闲暇时间相对充裕，超过50%的用户每天保持4小时以上的在线时长，他们对娱乐生活类内容更感兴趣，同时由于圈层较小，此类用户间的强传播关系更加明显。趣头条通过对该类人群深入把握，基于用户需求和人群特性，建立独特的师徒返利制刺激用户拉新增长。低线城市由于地域面积小，人际关系紧密，其社会组织结构多呈社区式，也就是说，这类城市的人员聚集方式是以社区、村级等组成。社区间人员联系紧密且互动频繁，趣头条正是看中这种强传播的社交方式，利用师徒返利机制，结合社交网络的裂变式传播快速发展用户规模。所谓师徒返利制，就是A邀请好友B，B下载后输入验证码完成注册，A就成了B的师傅，两人均获得2~10元的现金奖励。同样B也可以邀请好友C，这样B就成为C的师傅。这种层级式邀请方式，就像水花涟漪一样圈层式向外扩散，同时每个圈层布满了无数个点，当涟漪越来越大，其平台的规模效应也更加凸显。

(1) 用户留存：建立壁垒稳定用户。

趣头条准确地把握用户"薅羊毛"心理，结合内容平台基因打造出玩法简单、反馈及时的用户留存机制，以游戏化的运营规则教育用户，进而夯实用户群体。首先，平台将用户的每个行为明码标价，阅读、分享、评论、签到等一系列行为都能获得金币奖励，金币可以按照一定的比例兑换成现金，现金这种无差异化物质需求最大程度唤起用户欲望。其次，面对用户注册完体验一把后提现走人的尴尬，趣头条同样拥有一套路径完整、壁垒明显的留存机制，平台通过一系列的任务和金币奖励措施培养用户使用习惯、保证用户停留时长、提高用户活跃度。基于不同的用户背景和营销需求设置多样的奖励方式，如分享得金币、开宝箱、唤醒好友等，如此多的玩法奖励使用户沉浸在每个细分任务中，也增强了用户的参与感和满足感。最后，在奖励兑现这一落地环节的设置上，趣头条从返利周期和返利金额两个层面着手延长用户使用路径。趣头条不支持一次性领完现金，而需要用户每天阅读三分钟才能获得提取 1 元现金的资格，这样做一方面能够培养用户使用习惯和长期依赖性，另一方面可以保证产品的活跃度以及后期变现环节的稳定性。

### 3.3 三级火箭：趣头条的商业闭环

当平台拥有足够的用户流量和完备的商业场景后，迅速完成商业闭环、实现盈利则是发展之要。趣头条凭借社交裂变下的现金奖励模式成功撬动下沉市场，集聚平台势能释放商业价值，凭借"免费阅读+广告"的方式推出"米读小说"APP，扛起免费大旗冲击付费小说赛道。面对市场竞争者和原有生态格局，趣头条勇于创新挑战，不断丰富自身产品矩阵和商业赛道，积极拓展更多市场和领域，以"唯快不破"的姿态完善自身商业变现路径，最终构建可持续发展的商业生态。

（1）以广告为主导，驱动平台发展。

趣头条作为内容聚合分发类资讯产品，其商业模式无非是左手流量，右手变现，中间承载的是内容。广告几乎是趣头条唯一的收入来源，2018年第四季度，趣头条广告收入12.4亿元，其他收入达到7910万元。作为商业变现的最后一环，持续吸引广告主投入是其生存发展的关键，而技术赋能、全量触达是它吸引广告主投入的两件法宝。

一是技术赋能，为广告主提供智能化营销方案。针对品牌定位、属性、营销环境等多维度指标，利用技术对用户画像全面细化，筛选出符合品牌营销的对象，匹配最优广告投放场景，释放流量价值。

二是全量触达，多样广告精准推广。开屏广告能够在打开应用的第一时间以最大的视角、最强的视觉体验给用户造成冲击力，而这种毫无防备的冲击感往往是在用户开启防御模式之前完成的，植入人脑效果突出；信息流广告是目前聚合类资讯客户端的常用广告形式，而趣头条的滚动展示可以达到12~15轮，这就意味着用户每刷一屏，每3~5条内容就会伴随一则广告，广告重复的本身能够最大限度地给用户加深印象。值得注意的是，趣头条的广告是以优质硬广加差异化内容方式呈现，平台利用大数据对用户需求或潜在需求进行分析并预判，同时匹配区域性广告，把握用户的地理和心理接近性进行品牌推广；趣头条的PUSH按照地区精准推送，借助黄金节点实现收益的最大化；伴随着内容消费升级，软广以独特的视角、专业化的产品介绍、多样的呈现形式使用户放下心理防御并激发其消费潜能。趣头条实现商业化后，月流水最高已可过亿，这得益于趣头条平台下沉中的网赚场景和娱乐内容直击低线城市用户痛点，以此获得规模效应后迸发出流量活力。

(2) 用免费打付费,"米读"高调进军移动阅读赛道。

数字阅读行业面临从 PC 端到移动端的产业升级,以阅文集团和掌阅集团为代表的网络文学公司经过数年的日积月累,构筑了一个付费阅读的生态空间。当用户逐渐培养起付费阅读习惯,试图适应数字付费生态圈之际,一款凭借着阅读免费的"米读小说"APP,成为 2018 年移动数字阅读领域的增长黑马。而成功孵化出该产品的母公司正是趣头条,在以现金奖励模式成功撬动下沉市场后,趣头条又用"免费阅读+广告"的打法高调挺进移动数字阅读赛道。一方面在初步形成付费阅读的格局下,米读小说使有阅读意愿却缺乏付费能力的用户找到需求出口,同时利用广告分成模式保障了内容输出方的利益,这种多方共赢的模式成功驱动产品快速成长。据趣头条数据公开披露,其创新型网络文学产品米读小说于 2018 年 5 月正式上线,截至 2018 年 12 月末,平均日活突破 500 万,仅次于 QQ 阅读和掌阅,日人均使用时长 150 分钟,大幅领先行业平均水平。米读小说从问世到快速成长,见证了趣头条不断创新思路、打造丰富完善的商业生态的决心,未来,趣头条还会积极拓展市场、不断丰富产品矩阵、致力延伸商业边界。

## 4. 趣头条的商业风险

### 4.1 商业模式易被同行复制

主攻低线市场的趣头条凭借独特的现金激励机制进入资讯聚合产品

赛道，并在短时间内海外上市获得商业成功。可以说，趣头条这种运营方式和商业打法已经被市场和资本验证可行。但是，这种直接从用户手中买流量、借助社交网络裂变式传播的运营模式几乎没有壁垒，导致同行能够轻易复制趣头条商业模式，趣头条通过这种模式在下沉市场急剧扩张之际，今日头条也意识到这块"蛋糕"蕴藏的巨大市场潜力，该公司引入趣头条的现金激励模式孵化出"今日头条极速版"，并加大现金补贴力度，快速布局新市场并成效明显。据猎豹大数据 2018Q3 中国 APP 市场报告显示，今日头条极速版以周活渗透率 12.05%、周人均打开次数 167 次位居新闻资讯类 APP 榜单第 2 名，而趣头条则以周活渗透率 4.99%、周人均打开次数 147 次位居榜单第 4 名。对比数据足以说明，尽管前期趣头条凭借现金奖励模式成功驶入下沉市场这片蓝海，但这种几乎无壁垒的商业模式能够被同行轻易复制，特别是遇到资本、渠道、技术实力更为强大的今日头条，如何通过多维度资源构建企业护城河已成为趣头条的当务之急。

### 4.2 第三方营销比重增加透露用户增长风险

移动互联网发展到下半场，获客成本高昂已成为行业共识。趣头条以用户推荐和第三营销结合的商业打法，实现了用户现象级增长的奇迹。而调查显示，趣头条越来越依赖第三方渠道，这也意味着以用户推荐方式发家的趣头条正面临用户增长缓慢的困境。凤凰网科技从 APP 渠道从业人员手中获取的数据显示，趣头条自 2018 年 6 月以来的产品广告投放费用大幅增加：趣头条 2018 年 1 月通过厂商渠道日投放费用约为 30 万元，到了 7 月和 8 月，单日投放费用分别增长至 205 万元、208 万元，2018 年前 8 个月，总投放费用已超 2.76 亿元。

### 4.3 低端广告存在监管政策风险

趣头条的广告主多为三四线及以下城市的中小企业厂商，面对下沉市场的用户定位和需求，平台多以药品、医疗器械、美容健康、减肥瘦身等产品广告为主，这类广告过去因存在夸大药效作用、产品存在安全隐患等问题引来国家监管部门的关注和管控，广告质量低下和行业监管风险或将无法支撑趣头条持续以此营收，亟须通过高质量内容以及用户纵向向上渗透吸引调整广告比例结构，寻求高质量的持续发展之路。

### 4.4 烧钱模式无法支撑趣头条长期发展

趣头条以现金激励模式实现用户爆发式增长，并通过持续"撒币"提升用户活跃度，这种模式可以在短期内集聚用户势能、实现平台的商业变现。可是，目前趣头条盈利方式较为单一，广告几乎成为趣头条的唯一盈利渠道，同时，因服务人群和中小型广告主实力的限制，广告收入并不能弥补公司运维成本，烧钱模式无法支撑趣头条持续发展。趣头条 2018 年 Q4 及全年财报显示，归属于普通股东的净亏损为 20.29 亿元，即便剔除近 10 亿元股权激励成本的影响，2018 年亏损仍高达 10 亿元左右，而现金、现金等价物和短期投资为 23.017 亿元。依此推断，以目前这种烧钱速度，趣头条的现金储备只够再撑两年。

### 5. 趣头条的解困之思

趣头条凭借对下沉市场潜能的准确判断、用户消费心理的精准把握、互联网运营模式的独特创新及智能商业生态的持续建设，在用户和资本的追捧中一路高歌猛进，在下沉市场风生水起并成长为一家新型独角兽公司。其商业成功的背后同样存在多种市场风险，面对用户增长放缓的趋势和资本投入热情的退却，烧钱打法还能持续多久是趣头条必须思考的问题。因此，趣头条必须持续创新，坚持多元发展，积极布局其他赛道丰富产品矩阵，以产业赋能，推进其商业生态的健全和完整。

一是注重内容生态建设，围绕社交持续创新运营。前期趣头条通过现金激励模式引爆用户增长，用户涌入平台后最终的落脚点是内容。优质的内容才能吸引用户持续投入使用产品，而仅靠现金刺激用户的运营方式总会遭遇增长瓶颈。趣头条针对下沉市场，致力于打造"最接地气，最符合普通老百姓需求"的内容生态。通过"放心看计划""合伙人计划"等措施鼓励内容创作者，不断增强平台内容的原创性，构建完善的内容生态；二是优化广告质量，调整广告结构比例。趣头条应在夯实下沉市场的基础上，寻求平台的纵向渗透，通过提升内容品质和运营玩法争夺一二线城市用户，以此吸引中高端品牌广告主，从而调整广告比例结构，以防未来潜在风险；三是创新拓展市场，丰富产品矩阵。持续拓展新产品是趣头条的商业战略之一，单靠一款产品在智能商业时代很难走远。继趣头条、米读后，该公司将凭借团队创新能力，布局短视频赛道，孵化出"趣多拍"短视频APP，不断丰富其产品矩阵，提升用户忠诚度。四是完善商业生态，布局垂直领域。趣头条目前的烧钱抢市场的打法短期内促使用户数量激增，但随着商业模式被同行复制以及资本投入脚步放缓之后带来的用户流失，平台应在商业化的道路上寻求新的突破。趣头条在优化广告结构的基础上，要进一步升级广告呈现方式，在保证用户体验的前提下增加短视频广告、原生广告、互动广告的比例，为广告主提供精准化、智能化、个性化的在线营销方案。同时，平台应积极探索其他垂直领域，布局直播、游戏、电商等领域，增长公司综合竞争力，提升抗市场风险的能力。

## 6. 结语

随着基础信息通信设施的完善和移动终端的普及，未来下沉市场将会迸发出更大的商业价值。趣头条瞄准此赛道继续深耕必将大有可为，但是，其用户爆发式增长和匆忙赴美上市的成功背后，仍然充满风险和挑战。平台在布局商业化发展的过程中，内容质量和审核、版权获取和维护、广告调整与升级、用户留存和活跃、盈利渠道拓展与运营均是亟须思考的问题。面对挑战，趣头条必须始终围绕用户核心需求，坚守法律和政策底线，不断拓展市场和布局新赛道，找准社会价值和商业价值的平衡点，才能成功打造持续稳定的商业生态。

# 参考文献

[1] 杠仔.从"好看"到"在看",微信想做些什么 [OL] .人人都是产品经理.

[2] Pasca.从"好看"到"在看",微信的闭环之旅 [OL] .人人都是产品经理.

[3] 一点财经.张小龙四小时演讲：全景式解读关于微信的一切 [OL] 搜狐财经.

[4] 极光大数据.一点资讯用户研究报告 [R] .2018.

[5] 中国互联网络信息中心.第 43 次中国网络发展状况统计报告 [R] .2019.

[6] 牛洁.澎湃新闻客户端时政新闻的互动传播研究 [D] .天津：天津师范大学，2015.

[7] 赖莉莎.手机新闻客户端的互动传播研究 [J] .新媒体研究，2017，3（08）:14-15.

[8] 房廷廷.移动新闻客户端交互性传播研究——以澎湃新闻客户端、知乎日报客户端为例 [D].济南：山东师范大学，2016.

[9] 李伟忠，潘晨.大数据视野下浙江新闻客户端的实践与探索 [J].传媒，2017，（15）.

[10] 曾媚颖.新闻客户端如何践行用户思维——以"浙江新闻"为例 [J].新闻研究导刊，2016（11）.

[11] 艾媒咨询.2018中国短视频类APP内容绿色评分排行榜 [R].2018.

[12] 艾媒咨询.2017—2018中国手机新闻客户端市场研究报告 [R].2018.

[13] 孙然.国内四大门户网站手机新闻客户端的市场行为与绩效研究 [D].西安:长安大学，2015.

[14] 徐晴晴.新设计语言Material Desgin下的用户交互体验探究 [D].天津:天津工业大学，2015.

[15] 浅谈谷歌全新的设计理念Material Design [OL].新浪科技.

[16] 朱与君.阿里投资趣头条背后的逻辑 [OL].蓝鲸TMT，[2019-04-04].

[17] 梁薛瑜.基于大数据的全成本用户价值效益评估机制的应用研究 [J].中国乡镇企业会计，2018，（06）.

[18] 崔闻珊.基于用户体验的网络积分商城交互行为及设计研究 [D].

天津：天津大学，2016.

[19] 皮云正.三四线城市的产业梦 [OL] .产业家，[2019-03-02] .

[20] 黎明.消费升级持久战：IP、下沉和新体验 [OL] .寻找中国创客，[2018-09-03 ] .

[21] 国金证券唐川团队.单身经济学：未来大消费行业的投资机会 [OL] .华尔街见闻，[2019-02-12] .

[22] 王淑琪，王未央.基于支持向量机的微博水军账号识别 [J] .现代计算机.2018，（9）.

[23] QuestMoblie.中国移动互联网 2018 半年大报告 [R] .2018.

[24] QuestMoblie.社交裂变深度洞察报告 [R] .2018.

[25] 略大参考.流量在农村能否变现？这是趣头条要回答的根本问题 [OL] .

[26] 敲敲格.阿里 1.7 亿美元下注趣头条，目光转向五环外 [OL] .

[27] Donews.趣头条发布财报：2018 年 Q4 应收超 30 亿 [OL] .

[28] 方婷.抢夺未来"头条"们激战三四线市场 [J] .商业观察，2018（05）.

[29] 刘芮君."刷新闻赚现金"APP 的收割之路 [J] .知识经济（中国直销），2018，（07）.

[30] 钱玉婷.界面 APP 的发展模式研究 [D] .上海：上海师范大学，2018.

[31] 郝涛.大数据技术下移动新闻客户端的传播模式研究——以人民日报、腾讯新闻、今日头条为例 [J/OL].新媒体研究，2019（05）:12-15 [2019-04-16].

[32] 田昕，张玉川.传统媒体新媒体转型的磨合话语研究——以《界面APP》为例 [J].新闻知识，2019，（01）:48-52

[33] 解冰.界面联合创始人张衍阁：以原创为"媒"界面的目标是"新+" [N].深圳商报，2015-08-19（A08）.

[34] 吴武林.媒体融合背景下的《界面》研究 [D].南宁：广西大学，2017.